Serie Caminando en la Luz

La Ley
y
La Gracia

Examinando la Relevancia y la
Aplicación de la Torá para Todos los
Creyentes

Todd D. Bennett
Shema Yisrael Publications

La Ley y La Gracia
Examinando la Relevancia y la Aplicación de la
Torá para Todos los Creyentes

Primera impresión 2006
Segunda impresión 2014

Traductor: *Harold Calvo Ramírez, San José Costa Rica*

Derechos de autor © 2006 por Shema Yisrael Publications. Todos los derechos reservados. Ninguna parte de este libro puede ser utilizada o reproducida en cualquier forma sin el permiso por escrito del editor, excepto en el caso de breves citas en artículos y reseñas.

Para más información escribir a: Shema Ysrael Publications, 123 Court Street, Herkimer, Nueva York 13350.

ISBN: 0-985-00044-9

Impreso en los Estados Unidos de América.

Por favor, visite nuestro sitio web para otros títulos:

www.shemayisrael.net

Para obtener información sobre la publicidad de entrevistas del autor llamar al

(866) 866-2211

La Ley
y
La Gracia

Examinando la Relevancia y la Aplicación de la Torá para Todos los Creyentes

"Porque mientras que la Torá fue dada por medio de Moisés, la gracia y la verdad vinieron por medio de Yahushua el Mesías"
Juan 1:17

Tabla de Contenidos

Agradecimientos
Introducción   i
Capítulo 1 En el Principio   1
Capítulo 2 La Ley   7
Capítulo 3 Los Fariseos y la Ley   18
Capítulo 4 El Mesías y la Torá   24
Capítulo 5 El Mesías y los Fariseos   29
Capítulo 6 El Mesías enseña la Torá   42
Capítulo 7 Los Discípulos y la Torá   51
Capítulo 8 Shaul y la Torá   59
Capítulo 9 Las Enseñanzas de Shaul   64
Capítulo 10 El Concilio de Jerusalén   70
Capítulo 11 La Torá y los Pactos   94
Capítulo 12 La Gracia   113
Capítulo 13 Bendiciones y Maldiciones   121
Capítulo 14 El Cristianismo y la Torá   133
Capítulo 15 La Iniquidad   147
Capítulo 16 El Camino de la Fe   157
Capítulo 17 En el Final   164
Notas Finales   171

Apéndice A - Cuadro de Estudio del Lenguaje Hebreo
Apéndice B - Nombres Hebreos del Tanak
Apéndice C - Resumen de la Serie Caminando en la Luz
Apéndice D - El Shema
Apéndice E - Shema Yisrael

Agradecimientos

Debo reconocer, ante todo, a mi Creador, Redentor y Salvador, que me abrió los ojos y me mostró la Luz. Él nunca se dio por vencido conmigo, incluso cuando, a veces, pareciera que yo me di por vencido con Él. Él es eternamente paciente y verdaderamente impresionante. Sus bendiciones, misericordias y amor permanecen para siempre y mi gratitud y agradecimiento no se pueden expresar plenamente en palabras.

Si no fuera por la paciencia, las oraciones, el amor y apoyo de mi hermosa esposa Janet, y mis extraordinarios hijos Morgan y Shemuel, yo nunca habría sido capaz de llevar a cabo este trabajo. Ellos me dieron la libertad para perseguir la visión y los sueños que mi Padre Celestial puso dentro de mí, y por eso estoy muy agradecido. Los amo a ellos más de lo que ellos se imaginan.

Introducción

"²⁰ Pues todo el que hace lo malo aborrece la luz, y no se acerca a ella por temor a que sus obras queden al descubierto. ²¹ En cambio, el que practica la verdad se acerca a la luz, para que se vea claramente que ha hecho sus obras en obediencia a Dios."

Juan 3:20-21 NVI

Este libro titulado La Ley y la Gracia es parte de un conjunto más amplio de trabajo educativo llamado la Serie "Caminando en la Luz". Como tal, se basa en una serie de otros temas y lo ideal es que el lector haya leído acerca del paganismo en el cristianismo, así como también acerca de la necesidad de la restauración. Debido a la importancia del tema de este texto, y de cada volumen de la serie, he intentado presentarlos de una manera tal que puedan ser independientes. Para ello he utilizado extensas anotaciones y me gustaría animar al lector a revisar las notas finales a fin de comprender mejor el tema actual y llenar algunos vacíos que pueden aparecer en el texto.

Este libro, y toda la serie, se escribieron como resultado de mi búsqueda de la verdad. Habiendo crecido en una importante denominación cristiana protestante desde que era un niño, estuve inmerso de doctrina que muchas veces parecía contradecir las palabras contenidas en las Escrituras. Siempre consideré ser un cristiano, aunque nunca me tomé el tiempo para investigar los orígenes del cristianismo o de entender exactamente lo que el término cristiano significaba realmente. Simplemente crecí creyendo que el cristianismo estaba en lo correcto y que toda otra religión estaba mal o de alguna manera era deficiente.

Sin embargo, mis creencias se basaban en más que simplemente fe ciega. Yo había experimentado un "Dios vivo", mi vida había sido transformada por un amoroso Redentor y había sido lleno con un Espíritu poderoso. Sabía que estaba en el camino correcto, pero de nuevo, sentía continuamente que algo faltaba. Estaba seguro de que había algo más en esta religión llamada cristianismo; no en términos de un Dios diferente, sino en términos de lo que componía este sistema de creencias al que me suscribí, y esta etiqueta que me puse como una insignia.

A lo largo de mi caminar cristiano, experimenté muchos altos y algunos bajos, pero en el camino nunca sentí como si comprendiera plenamente de que se trataba mi fe. Claro, yo sabía que "Jesús había muerto en la cruz por mis pecados" y que tenía que creer en mi corazón y confesar con mi boca con el fin de "ser salvo". Le "pedí a Jesús que entrara en mi corazón" cuando yo era un niño y creía sinceramente en lo que había hecho, pero siempre sentía que faltaba algo. Cuando crecí, me encontré progresando a través de diferentes denominaciones, cada vez aprendiendo y creciendo, siempre añadiendo algunas piezas al rompecabezas, pero nunca viendo el cuadro completo.

Un ministerio de la universidad me puso en contacto con el bautismo del Espíritu Santo y con asambleas más carismáticas sin embargo, mientras estas personas parecían practicar una fe más completa que aquellos en mis denominaciones anteriores, muchas de mis preguntas originales quedaban sin respuesta y surgían aún más preguntas. Parecía que en cada nuevo paso en mi fe yo agregaba un nuevo adjetivo a la etiqueta ya ambigua de "cristiano." Pasé de ser un simple cristiano a un cristiano nacido de nuevo, lleno del Espíritu, carismático, del Nuevo Testamento, del evangelio completo; aunque nunca pude escaparme de la inquietud persistente de que algo todavía faltaba.

Por ejemplo, cuando leía Mateo 7:21-23 siempre me sentía incómodo. En esa Escritura, el Mesías dice: *"No todo el que me dice: Señor, Señor, entrará en el reino de los cielos, sino el que hace la voluntad de mi Padre que está en los cielos. Muchos me dirán en aquel día: Señor, Señor, ¿no profetizamos en tu nombre, y en tu nombre echamos fuera demonios, y en tu nombre hicimos muchos milagros? Y entonces les declararé (públicamente): Nunca os conocí; apartaos de mí, hacedores de maldad (haciendo caso omiso de mis mandamientos)."* Biblia de las Américas.

Este pasaje de la Escritura siempre me molestaba porque sonaba mucho como a la Iglesia Cristiana moderna, en particular, a las iglesias carismáticas a las que yo había estado asistiendo donde los dones del Espíritu estaban operando. De acuerdo al pasaje de la Escritura, no eran las personas que *creyeron* en las manifestaciones espirituales quienes estaban siendo rechazadas, sino aquellos que las *estaban haciendo*. Yo pensaría que esto pondría a pensar a todos los cristianos.

Primero que nada "en aquel día" habrá *mucha* gente que va a llamar al Mesías "Señor." También estarán realizando increíbles hazañas espirituales en Su Nombre. Sin embargo en última instancia, el Mesías abiertamente y públicamente les dirá que se aparten de Él. Él les dirá que Él nunca los conoció y específicamente les define por sus acciones, lo cual es la razón por la cual son rechazados; ellos actuaron con maldad y con iniquidad. En resumen, ellos desobedecieron a Sus mandamientos. Además, parece muy posible que mientras ellos pensaban que estaban haciendo estas cosas en Su Nombre, no era así, porque es posible que ellos nunca hayan conocido Su nombre. En esencia, ellos no lo conocían a Él y Él no los conocía a ellos.

Creo que muchas personas son atormentadas por esta Escritura porque no entienden a quien aplica o lo que significa. Si fueran verdaderamente honestos tendrían que admitir que no hay otro grupo en la faz de la tierra al que se pueda estar refiriendo excepto a la "Iglesia Cristiana."

Por ultimo, mi búsqueda por respuestas me trajo de vuelta al punto de inicio de mi fe. Me quedé con la pregunta: "¿Cuál es el origen y la substancia de esta religión llamada cristianismo?" Me vi obligado a examinar los fundamentos mismos de mi fe y muchas de las creencias a las que me suscribí y a ponerlos a prueba frente a la verdad de las Escrituras.

Lo que descubrí fue nada menos que trascendental. Experimenté un parapeto personal, que es el momento en las tragedias griegas, donde el héroe se da cuenta de que todo lo que sabía estaba mal. Descubrí que muchos de los fundamentos de mi fe no eran rocas de la verdad, sino más bien las arenas de las mentiras, engaño, corrupción y paganismo. Vi el pasaje de la Escritura en la profecía de Jeremías (Yirmeyahu) hacerse realidad ante mis ojos. En muchas traducciones, este pasaje dice: *"Oh Señor, fortaleza mía y fuerza mía, y refugio mío en el tiempo de la aflicción, a ti vendrán naciones desde los extremos de la tierra, y dirán: Ciertamente mentira poseyeron nuestros padres, vanidad, y no hay en ellos provecho. ¿Hará acaso el hombre dioses para sí? Mas ellos no son dioses."* Jeremías (Yirmeyahu) 16:19-20

Descubrí que yo había heredado mentiras y falsas doctrinas de los padres de mi fe. Descubrí que la fe en la que yo había estado inmerso había hecho dioses que no eran dioses, y vi claramente cómo muchos podrían decir: "Señor, Señor", y no conocer realmente al Mesías o hacer la voluntad del Padre, porque en realidad ellos habían rechazado sus mandamientos. Descubrí que muchas de estas mentiras no eran sólo discrepancias menores, sino que errores graves que posiblemente podrían tener el efecto de mantenerme fuera de la Nueva Jerusalén si seguía practicándolos. (Apocalipsis 21:27; 22:15).

Mientras que parte del problema se deriva de las falsas doctrinas que han entrado en la religión cristiana, también tenía que ver con el antisemitismo incrustado a lo largo de los siglos que intencionadamente despojó a la religión cristiana de cualquier asunto percibido como "judío." Incluso descubrí errores de traducción en las mismas Escrituras sobre las que estaba basando mis propias creencias. Un buen ejemplo es el siguiente versículo del profeta Jeremías (Yirmeyahu) donde la mayoría de traducciones dice: "Por eso, esta vez les daré una lección; les daré a conocer Mi mano poderosa. ¡Así sabrán que Mi Nombre es el SEÑOR!" Jeremías (Yirmeyahu) 16:21 NVI.

¿Podría nuestro Padre Celestial realmente estar diciéndonos que su nombre es "el SEÑOR "? Esto es un título, no un nombre y por cierto, ¿no mucha gente estará clamando: "Señor, Señor", y se les dirá que Él nunca los conoció? Es obvio que usted debe saber el nombre de alguien con el fin de tener una relación con él. ¿Cómo puede decir usted que conoce a alguien si ni siquiera sabe su nombre? Entonces debemos preguntarnos: "¿Cuál es el Nombre de nuestro Padre Celestial?" La respuesta a este aparente misterio se encuentra justo debajo de la superficie del texto traducido. De hecho, si la mayoría de la gente tomara el tiempo para leer las notas del traductor en el frente de su Biblia descubrirían fácilmente el problema.

El Nombre de nuestro Creador se encuentra en las Escrituras casi 7.000 veces, aunque hace mucho, una falsa doctrina fue perpetrada con respecto a pronunciar el Nombre. Se determinó que el Nombre, no podía, o no debía, ser pronunciado, por lo que fue reemplazado. De este modo, a través de los siglos el Nombre del Creador que nos fue dado para que pudiéramos conocerlo a Él y ser, no sólo sus hijos, sino también sus amigos, (Isaías 41: 8, Santiago 2:23, Juan 15:15) fue suprimido y alterado. Ahora usted encontrará personas que utilizan descripciones, títulos y variaciones para reemplazar el Nombre como: Dios, Señor, Adonai, Jehová y Ha Shem ("El Nombre") en lugar del Nombre real que fue declarado en las Escrituras. ¡Qué tragedia y qué error!

Uno de los Diez Mandamientos, también conocidos como las Diez Palabras, específicamente nos instruye a no tomar el Nombre del Creador "en vano" y *"Él no dará por inocente al que tomare su Nombre en vano."* (Éxodo 20: 7). La mayoría de los cristianos se les ha enseñado que esto simplemente advierte de utilizar el Nombre a la ligera o en el contexto de maldecir o de alguna otra manera irrespetuosa. Esto sin duda es uno de los aspectos del mandamiento, pero si nos fijamos más en la palabra hebrea para vano - שׁוא (se pronuncia shaw) encontramos que tiene un significado más profundo en el sentido de "desolador, inutilidad, vacío, nada o en balde."

Por lo tanto, hemos sido advertidos de no sólo evitar usar el Nombre a la ligera o sin respeto, sino también de no llevarlo a la nada, que es exactamente lo que se ha hecho a lo largo de los siglos. El Nombre de nuestro Creador el cual tenemos el privilegio de invocar y alabar ha sido suprimido hasta el punto que la mayoría de los creyentes no conocen el nombre, ni mucho menos usarlo.

Esto suena como una conspiración de proporciones cósmicas y lo es. Cualquier persona que cree en las Escrituras debe entender que hay una batalla entre el bien y el mal. Hay un príncipe de las tinieblas, Satanás, que entiende muy bien la batalla que se ha estado librando desde la creación del tiempo. Él hará cualquier cosa para distraer o destruir los que buscan la verdad, y él es muy bueno en lo que hace. Él es el Maestro del engaño y el padre de la mentira, y no quiere que la verdad sea revelada. Su objetivo es robar, matar y destruir. (Juan 10:10). El enemigo ha operado tanto abiertamente como detrás de cámaras durante los siglos para infectar, engañar, distraer y destruir a los creyentes con falsa doctrina. Él realmente es un lobo con piel de cordero, y su deseo es robarle al creyente las bendiciones y la vida.

Al leer este libro, espero que pueda ver cómo él ha trabajado su engaño con respecto a los temas de la ley y la gracia. Se nos ha dado maravillosas promesas en las Escrituras referentes a bendiciones para aquellos que obedecen los mandamientos. Tristemente, muchos creyentes han sido despojados de esas bendiciones debido a falsas doctrinas que les enseñan a no guardar los mandamientos, convirtiéndolos en personas sin ley. Su creencia no es seguida por obras de justicia haciendo de ese modo que su fe sea vacía y, hasta cierto punto, sin poder.

Mi esperanza es que cada lector tenga una experiencia reveladora y cambie para siempre. Creo sinceramente que las verdades contenidas en este libro y en toda la Serie de "Caminando en la Luz" son esenciales para evitar el gran engaño que está siendo perpetrado sobre los que profesan creer, y siguen al Santo de Yisra'el.

Este libro, y toda la serie, están dirigidos a cualquier persona que está buscando la verdad. Dependiendo de su religión, costumbres y tradiciones en particular, es probable que encuentre que parte de la informacion sea contraria a las doctrinas y enseñanzas que ha leído o escuchado en toda su vida. Por favor, dese cuenta, sin embargo, que nada de la información tiene la intención de criticar a nadie ni a ninguna fe, sino que se limita a revelar la verdad.

La información contenida en este libro debería suscitar algunas cosas o de lo contrario no habría ninguna razón para haberlo escrito en primer lugar. La pregunta final es si el contenido se alinea con las Escrituras y la voluntad del Creador. Mi objetivo es despojar las capas de la tradición que muchos de nosotros hemos heredado y llegar a la esencia de la fe que se describe en la Escritura comúnmente llamada "La Biblia."

Este libro debe desafiar su pensamiento y sus creencias y esperamos que pueda ayudarle en su búsqueda de la verdad. Mi oración por usted es la del apóstol Pablo, conocido correctamente como Shaul, en su carta a la asamblea de Efeso que: "[17]. . .*el Padre de gloria, os dé espíritu de sabiduría y de revelación en el conocimiento de él,* [18] *alumbrando los ojos de vuestro entendimiento, para que sepáis cuál es la esperanza a que él os ha llamado, y cuáles las riquezas de la gloria de su herencia en los santos,* [19] *y cuál la supereminente grandeza de su poder para con nosotros los que creemos, según la operación del poder de su fuerza."* Efesios 1: 17-19 RVR1960.

1
En el Principio

Pocas cosas evocan una respuesta más apasionada que cuando un cristiano se enfrenta a la noción de que debe obedecer la ley. De hecho, cualquiera que esté familiarizado con el cristianismo probablemente encontrará que el título de este libro es un oxímoron, ya que "la ley" y "la gracia" se tratan a menudo como dos conceptos diametralmente opuestos.

Tal como descubriremos, el título es en realidad un nombre inapropiado, ya que ninguna de las palabras "ley" o "gracia" reflejan con precisión los verdaderos conceptos bíblicos que se pretenden representar. No obstante, a muchos se les ha enseñado, y creen sinceramente, que "la ley" ha sido sustituida, o más bien, reemplazada por la gracia. La esencia de este libro es demostrar la falacia de esa creencia y su posterior impacto devastador sobre la doctrina cristiana.

Muchos cristianos miran a Jesucristo como el "fundador" de su religión, aunque pocos entienden que su nombre correcto hebreo es Yahushua.[1] Ellos creen que Él es el Mesías[2] prometido y por lo tanto miran su vida y sus enseñanzas para guiarlos en su camino espiritual. Muchos que procuran ese camino de fe comienzan con las Buenas Nuevas según Juan, comúnmente llamado el Evangelio de Juan. Después de todo, todo Norteamericano aficionado a los deportes está familiarizado con Juan 3:16: "*Porque de tal manera amó Dios al mundo, que ha dado a su Hijo unigénito, para que todo aquel que en él cree, no se pierda, mas tenga vida eterna."*

Habiendo obtenido esa extraordinaria verdad de los escritos de Juan, conocido con más exactitud como Yahanan[3] en hebreo, sólo tiene sentido mirar más allá en el texto para obtener instrucción adicional - de hecho, ayuda empezar por el principio. No es casualidad que este manuscrito comience con las mismas palabras que el libro del Génesis, también conocido como Beresheet[4] - *"En el principio"* - y se nos dice que este llamado Yahushua era la palabra y la Luz.

El propósito del escritor fue intencional ya que sin una comprensión de lo que pasó "en el principio" no hay manera de apreciar el trabajo de Yahushua. Por eso primero tenemos que volver al principio para entender las dinámicas que intervienen en la gran controversia en relación con "la ley" y la gracia, porque es esencial para el ministerio y el propósito del Mesías.

Después del relato de la creación se nos dice que el Creador del universo, conocido como YHWH Elohim,[5] le dio al hombre - Adán un propósito específico. Fue colocado en el Jardín del Edén *"para que lo labrara y lo guardase."* Beresheet 2:15 RVR1960. La palabra hebrea para "labrar" es abad (עָבַד) y la palabra hebrea para "guardar" es shamar (שמר). Estas dos palabras son verbos e implican acción. Estos conceptos son muy importantes, como veremos a lo largo de nuestra discusión y otra manera de describir la misión de Adán es "trabajar y vigilar" o "hacer y proteger."

Después que se nos dice lo que Adán tenía que *hacer* en el Jardín, luego se nos habla de un mandamiento específico que se le dio a él. Las Escrituras registran: *"[16] Y mandó YHWH Elohim al hombre, diciendo: De todo árbol del huerto podrás comer;[17] mas del árbol de la ciencia del bien y del mal no comerás; porque el día que de él comieres, ciertamente morirás."* Beresheet 2:16-17. Ahora bien, esto no fue de ninguna manera el único mandamiento dado a la humanidad, pero pasó a ser el primero que se transgredió - es por eso que se nos proporcionan los detalles específicos de este mandamiento en particular. Adán de seguro recibió instrucciones acerca de sus deberes y de lo que se esperaba de él, a medida que él y su Creador caminaban y tenían comunión en el Jardín.[6]

Es esencial reconocer que a la humanidad se le dio mandamientos desde el principio - no eran nuevos en el Monte Sinaí. Muchas personas creen que no fue sino hasta que Moisés (Mosheh)[7] subió y recibió los diez mandamientos que los mandamientos de YHWH fueron realmente revelados a la humanidad. Esto no es cierto en lo absoluto y al examinar las Escrituras está claro que desde Adán hasta Mosheh siempre hubo un linaje recto que conocía y seguía los mandamientos de YHWH. Lo que era nuevo en el Sinaí fue el hecho de que esos mandamientos se codificaron y se incorporaron en el pacto hecho con Yisrael.[8]

Como resultado de este pensamiento equivocado la gente suele ver a Mosheh y a Yahushua en oposición entre sí de la misma manera que los que oponen "la ley" contra la gracia. Esto se debe principalmente a una falta de comprensión de lo que comúnmente se conoce como "la ley". Otra razón es debido a traducciones erróneas de las Escrituras que respaldan malas doctrinas. Esto promueve enseñanzas erróneas que, a su vez, conducen a creencias equivocadas.

Un ejemplo de una mala traducción puede verse en el texto que mencionamos anteriormente - Yahanan. En una traducción popular en Español de las Escrituras se nos dice lo siguiente:

"¹ En el principio era el Verbo, y el Verbo era con Dios, y el Verbo era Dios. ² Este era en el principio con Dios. ³ Todas las cosas por él fueron hechas, y sin él nada de lo que ha sido hecho, fue hecho. ⁴ En él estaba la vida, y la vida era la luz de los hombres. ⁵ La luz en las tinieblas resplandece, y las tinieblas no prevalecieron contra ella. ⁶ Hubo un hombre enviado de Dios, el cual se llamaba Juan. ⁷ Este vino por testimonio, para que diese testimonio de la luz, a fin de que todos creyesen por él. ⁸ No era él la luz, sino para que diese testimonio de la luz. ⁹ Aquella luz verdadera, que alumbra a todo hombre, venía a este mundo. ¹⁰ En el mundo estaba, y el mundo por él fue hecho; pero el mundo no le conoció. ¹¹ A lo suyo vino, y los suyos no le recibieron. ¹² Mas a todos los que le recibieron, a los que creen en su nombre, les dio potestad de ser hechos hijos de Dios; ¹³ los cuales no son engendrados de sangre, ni de voluntad de carne, ni de voluntad de varón, sino de Dios. ¹⁴ Y aquel Verbo fue hecho carne, y habitó entre nosotros (y vimos su gloria, gloria como del unigénito del Padre), lleno de gracia y de verdad. ¹⁵ Juan dio testimonio de él, y clamó diciendo: Este es de quien yo decía: El que viene después de mí, es antes de mí; porque era primero que yo. ¹⁶ Porque de su plenitud tomamos todos, y gracia sobre gracia. <u>¹⁷ Pues la ley por medio de Moisés fue dada, pero la gracia y la verdad vinieron por medio de Jesucristo.</u>" Yahanan 1:1-17 NVI.

El pasaje anterior de la Escritura a menudo se utiliza para apoyar la creencia de que la gracia sustituyó a "la ley." Esto a pesar del hecho de que el texto nos lleva de nuevo al *principio*. Por alguna razón, muchos cristianos creen que algo cambió drásticamente cuando el *Verbo se hizo carne*. Parte del problema reside en la traducción de este pasaje - en particular la palabra "pero" que se encuentra en el versículo 17, tanto en la versión Reina Valera y la Nueva Versión Internacional.

En gramática del español la palabra "pero" es una conjunción que facilita la transición entre oraciones independientes, transmitiendo una sensación de que el significado de la segunda oración va a ser diferente del sentido expresado en la primera oración. Por lo tanto, la mayoría de la gente que lee el verso recibe la impresión de que Yahanan nos está diciendo que la gracia es diferente de "la ley," lo cual conduce a la creencia errónea de que la gracia ha superado o sustituido a "la ley."

El problema con esta interpretación es que la palabra "pero" no se encuentra en los manuscritos griegos utilizados para convertir el texto en español. La palabra se ha insertado en las traducciones al español por traductores que aparentemente *pensaban* que estaban aclarando la intención del autor. A través de su error de traducción aparentemente han colocado a "la ley" en oposición directa y en conflicto con la gracia. Otras traducciones modernas simplemente insertan un punto y coma en lugar del "pero," que es más preciso aunque todavía vago. Una traducción exacta de este versículo se lee de la siguiente manera:

"Porque mientras la Torá fue dada por medio de Mosheh, la gracia y la verdad vinieron por medio de Yahushua el Mesías."

Lo primero que se destaca para la mayoría de los lectores es el cambio de nombres de Moisés (Mosheh) y Jesús (Yahushua). El tema de los nombres es tan amplio e importante que no puede ser tratado en este análisis y se maneja por separado en el libro de la Serie Caminando en la Luz titulado "nombres." La siguiente diferencia que debe destacarse es el uso de la palabra Torá en lugar de la palabra "ley." Gran parte de este libro se centrará en el significado y la importancia de la Torá. La Torá, que se traduce a menudo como "la ley" en la mayoría de las traducciones al español de la Biblia, se describe con mayor precisión como "las instrucciones de Elohim" y también se le conoce como "*la verdad*" en las Escrituras. (Salmos 119: 151).

Con esta información debería ser obvio que la Torá, *que es verdad*, no es y no puede oponerse a la gracia. Más bien, mientras que la verdad (Torá) fue dada por medio de Mosheh, la gracia y la verdad (Torá) llegaron a través de Yahushua que es el Verbo y la Luz *desde el principio.*

Como se demostrará a lo largo de este libro, los traductores han cambiado, a veces, ciertos textos de la Escritura para adaptar su propio paradigma teológico en vez de modificar su teología preconcebida para estar de acuerdo con el verdadero significado contenido en los manuscritos.[9] He observado que hay un profundo malentendido de la Torá dentro de la religión cristiana, que ha dado lugar a doctrinas erróneas e interpretaciones confusas a medida que los hombres se esfuerzan por encajar una clavija cuadrada en un agujero redondo. Sin un entendimiento adecuado de la Torá usted nunca entenderá el "Antiguo Testamento," y mucho menos las enseñanzas del Mesías u otros escritos en el "Nuevo Testamento" - mejor conocido como las Escrituras Mesiánicas.[10]

2

La Ley

Antes de continuar, es importante profundizar en el error de traducir la palabra hebrea "Torá" en el idioma español como "ley." La palabra "ley" se utiliza comúnmente en la cristiandad sin mucho conocimiento de lo que en realidad significa el término. Cuando escuchamos la palabra "ley" por lo general esto despierta emociones y pensamientos de policía, jueces, multas, castigos e incluso la cárcel. Esta innegable realidad a menudo corrompía mi percepción de la Torá mientras estudiaba la doctrina cristiana y por desgracia este no es el único caso en que los traductores han influido mucho en la forma en que leemos, entendemos e interpretamos las Escrituras.

El uso de la palabra "ley" en lugar de la palabra Torá es otro ejemplo de la distorsión de un concepto fundamental en las Escrituras que ha resultado de traducciones inexactas. En un sentido muy general, la palabra Torá se utiliza para referirse a los primeros cinco libros de la Biblia que algunos llaman el Pentateuco. Mientras que algunos se refieren a todo el "Antiguo Testamento" como la Torá, el Antiguo Testamento se conoce más propiamente como el Tanak[11] que incluye la Torá, los profetas (Nebi'im) y los escritos (Ketuvim).

La palabra Torá (תורה) en hebreo significa *enunciado, enseñanza, instrucción o revelación de Elohim*. Viene de horah (הורה) que significa dirigir, enseñar y se deriva de la palabra yara (יָרָה) que significa disparar o lanzar. Por lo tanto hay dos aspectos de la palabra Torá: 1) lanzar o apuntar en la dirección correcta, y 2) movimiento en esa dirección. Esto le da un sentido muy diferente de la palabra "ley."

Al mostrar la ortografía de ciertas palabras hebreas hasta ahora he utilizado caracteres hebreos modernos, aunque es importante señalar que la lengua hebrea moderna consiste en un conjunto de caracteres que es muy diferente de la lengua original. El idioma hebreo actual utiliza caracteres que se desarrollaron alrededor del siglo 6 AEC y fue adoptado durante el exilio babilónico.

El idioma que se hablaba originalmente por los hebreos ahora se conoce como el hebreo antiguo o paleo-hebreo. A pesar de que pasó por una serie de cambios a lo largo de los siglos, somos capaces de discernir los símbolos originales y a diferencia del hebreo moderno, estas lenguas semíticas iniciales usaban pictografías que en realidad se asemejaban a sus significados.

En el hebreo moderno la palabra Torá se escribe תורה y en hebreo antiguo se vería algo como esto: ᏎᏋᎩX. Cuando estas pictografías se unieron se convirtieron en palabras con significados que se derivan de los símbolos individuales. Me parece particularmente interesante en mi investigación y en mis estudios buscar los símbolos originales de una palabra para derivar su significado.

La palabra Torá es una combinación de cuatro símbolos:

X - una cruz, que significa "sellar o pacto."

Y - un clavo o clavija que significa "añadir o asegurar."

Ꮛ - una cabeza que significa "una persona, la

cabeza o el más alto."

ㄔ - una persona con las manos levantadas, que significa "revelar o he aquí o lo que viene de."

La combinación de los significados de estos símbolos nos da una definición profunda de la palabra "Torá" como "lo que viene del hombre clavado en la cruz" o "he aquí el hombre que asegura el pacto."

"Debido a que la palabra hebrea para pecado - chata (חטא) significa no alcanzar el objetivo - la palabra Torá se vuelve vital si no queremos perder el propósito y el cumplimiento de nuestra vida. Estos conceptos de enseñar y ayudar a cumplir el propósito de su vida se encuentran en Proverbios 1:8, donde la escritura nos dice que no abandonemos la Torá (enseñanza, dirección) de su madre. [Elohim] con el corazón de una madre amorosa, quiere que sepamos cómo dar en el blanco, cómo ser completos en la vida. La Torá señala los objetivos verdaderos de la vida. La Torá nos enseña a dar en el blanco y esto concuerda con el retrato hablado de la Torá, que nos muestra de donde viene la Torá."[12]

Es bastante evidente que la palabra "ley" es una traducción inadecuada e incorrecta de la palabra Torá. De acuerdo con mi comprensión de la etimología de la palabra Torá esta se define con mayor precisión como:

"las instrucciones de Elohim para Su pueblo apartado como fueron dadas a través de Mosheh y reveladas por la vida, muerte y resurrección del Mesías."

La Torá contiene instrucciones, orientación y dirección para aquellos que desean vivir una vida recta, apartada de acuerdo con la voluntad de Elohim. Mientras que estas instrucciones fueron escritas en pergaminos por Mosheh, ellas en última instancia son escritas por el

Todopoderoso en el corazón de los creyentes.

La palabra "instrucción" tiene claramente una connotación muy diferente a la palabra "ley." Los padres enseñan a sus hijos y guían sus caminos para mantenerlos a salvo, para que puedan crecer sanos y bendecidos. Aunque claramente tienen reglas para su hogar - esas reglas se administran en amor. Los gobiernos y las instituciones hechas por el hombre crean leyes que deben ser obedecidas bajo amenaza de castigo. Los que desobedecen las leyes de los hombres están sujetos a consecuencias tales como multas, encarcelamiento e incluso la muerte. Algunas sociedades son justas y humanas en la aplicación de sus leyes, mientras que otros son crueles y déspotas. Por lo tanto, cualquiera que sea la experiencia que un individuo haya tenido con las leyes hechas por el hombre - junto con el sentido de la justicia que él percibe de esas leyes - probablemente la vaya a asociar con su punto de vista de "la ley" en las Escrituras.

Es el uso de la palabra vaga "ley" en lugar de la palabra específica "Torá," que crea el problema aludido al comienzo de este capítulo. Cuando la gente lee acerca de la "ley de Dios" de inmediato atribuyen ciertas percepciones y emociones al concepto basado en sus experiencias con la "ley de los hombres."

Esto es particularmente preocupante ya que la palabra Torá se traduce tanto en la Septuaginta (LXX), que es la traducción griega del Tanak hebreo, y los manuscritos griegos de las Escrituras Mesiánicas usando la palabra "nomos" (νόμος). La palabra "nomos" (νόμος) se refiere específicamente a la Torá y mantiene el mismo sentido de "instrucción," pero cuando se traduce como "ley" en español se pierde ese significado. Así, vemos que tanto las palabras hebreas y griegas que se refieren a las "instrucciones del Todopoderoso" han sido traducidas constantemente y erróneamente como "ley" en las traducciones al español de la Biblia.

Torá (תורה) es una palabra única que tiene una connotación mucho más específica, aunque también es objeto de múltiples significados. Como se mencionó anteriormente, la Torá es a menudo considerada como los primeros cinco libros contenidos en las Escrituras hebreas y cristianas. Fueron escritos por Mosheh y colectivamente se les conoce a menudo como "la Torá." Tradicionalmente estos textos están contenidos en un solo rollo conocido como el "Rollo de la Torá." Los nombres de los cinco diferentes "libros", o más bien seferim, son transcritos de sus nombres propios hebreos de la siguiente manera: Beresheet (Génesis), Shemot (Éxodo), Vayiqra (Levítico), Bemidbar (Números) y Debarim (Deuteronomio).

Tradicionalmente se afirma que hay 613 mandamientos, también conocidos como "mitzvot" (מִצְוָה), que se encuentran dentro de la Torá. Los sabios enseñan que hay 248 mandamientos positivos, los cuales ellos dicen que iguala al número de órganos importantes en el cuerpo. Hay 365 mandamientos negativos, que ellos dicen que iguala el número de nervios en el cuerpo. El número total de los mandamientos (613) es igual al número total de tendones y órganos que componen un hombre. Esto simboliza el hecho de que el hombre fue creado para obedecer a Elohim y hacer su voluntad.

Algunos van más allá y dividen los mandamientos en tres categorías diferentes: 1) moral, 2) ceremonial, y 3) civil. Creo que es un grave error tratar de numerar o categorizar las instrucciones porque no hay ningún fundamento en las Escrituras para tal acto y al hacerlo permite a los hombres minimizar y hacer caso omiso de varios mandamientos en base a su categorización.

Independientemente de estas diferentes categorías o

del número real de los mandamientos, es evidente que no todos los mandamientos se aplican a todas las personas. Para aquellos deseosos de aprender y obedecer los mandamientos deben determinar qué mandamientos en realidad aplican a ellos antes de que ellos puedan saber cuáles deben obedecer. Por ejemplo, hay instrucciones específicas que se aplican a cohens, levitas, hombres, mujeres, maridos, padres, esposas, madres, hijos y vecinos. La Torá proporciona instrucciones a todas las personas para que puedan saber cómo vivir rectamente ante su Creador dependiendo de su posición particular en la vida.

Esto siempre ha sido así y la Torá no fue creada exclusivamente para los Yisraelitas en el Monte Sinaí. La Torá existía desde el principio cuando Adán disfrutó de una íntima comunión con su Creador en el jardín llamado Edén.

Después de que Adán fue expulsado del jardín, él todavía sabía lo que se consideraba tener una conducta correcta y él pasó ese conocimiento a sus hijos. Abel hizo ofrendas que fueron agradables al Todopoderoso, mientras que Caín no lo hizo. La tierra fue posteriormente juzgada porque la humanidad no estaba viviendo de acuerdo a las instrucciones del Todopoderoso. Noé y su familia se salvaron porque él era un hombre justo que obedeció a su Creador. El hijo de Noé, Sem, mantuvo la línea de justicia y algunos creen que él le enseñó a Abraham (Abraham) la Torá.

Las Escrituras claramente registran que Abraham obedeció la Torá. En Beresheet 26:4-5 leemos cuando el Todopoderoso se le apareció a Isaac y dijo: *"⁴y todas las naciones de la tierra serán benditas en tu simiente, ⁵ por cuanto oyó Abraham mi voz, y <u>guardó mi precepto, mis mandamientos, mis estatutos y mi Torá</u>."* Él de seguro le enseñó la Torá a sus hijos que conocían los caminos del Elohim de su padre. Los justos en el Tanak obedecieron todos la Torá que finalmente fue codificada por Mosheh, cuando Yisrael se convirtió en una nación que estaba a punto de recibir las promesas hechas a Abraham cuando entraron en un pacto con el Todopoderoso.

Muchos cristianos cometen el grave error de pensar que los Yisraelitas fueron salvos por su obediencia a la Torá, lo cual es completamente falso. Se les enseña, además, que el Mesías nos liberó de la maldición de la Torá y ahora la gente se salva por la gracia. Esta paradigma no tiene en lo absoluto ninguna base en la realidad. La Torá nunca salvó a nadie. De hecho, las únicas transgresiones que un sacrificio cubriría de acuerdo a la Torá era por el pecado involuntario. No había provisión por el pecado intencional aparte de ser "cortado" de la asamblea, "qahal" (קהל) en hebreo, que seguramente significaba la muerte. (Bemidbar 15: 22-31).

La Torá era específicamente para los que creyeron – sea que fueran Yisraelitas nativos o extranjeros que querían unirse a la comunidad de Yisrael. *"Tendrás una Torá para él que peca involuntariamente, para el que es nativo entre los hijos de Yisrael y para el extranjero que mora entre ellos."* Bemidbar 15:29. Es mucho más que una lista escrita de cosas que se pueden hacer y no hacer— es la instrucción dada por el Todopoderoso a un pueblo que desea caminar con Él, vivir con Él y servirle a Él en Su reino. Va más allá de nuestro universo físico de cuatro dimensiones que observamos en nuestra vida cotidiana— es espiritual— aún visible a través de aquellos que permiten que las instrucciones penetren en sus vidas y se impregnen en su mismo ser.[13]

Como ya aprendimos de los Salmos, mejor conocidos como Tehilim en hebreo, definen la Torá como la verdad. *"Tu justicia es justicia eterna, y tu Torá es la verdad."* Tehilim 119: 142. Como cristiano nunca miré la

Torá como la verdad. Crecí creyendo que "la ley" era para los "judíos" [14] mientras que nosotros los cristianos habíamos sido liberados de la esclavitud que resultó de estar "bajo la ley." A mí me enseñaron que la ley era demasiado difícil para que cualquier hombre la obedeciera, a excepción de Jesús, que vivió una vida perfecta para que Él pudiera después eliminar la ley y pudiera liberar a toda la humanidad al marcar el comienzo de una nueva dispensación de la gracia.[15] Este fue un paradigma que heredé y se me proporcionó ciertos pasajes de la escritura que parecían, a primera vista, apoyar este entendimiento.

El único problema con esta creencia es que en realidad no es apoyada por las Escrituras. Sin duda, usted puede encontrar algunos pasajes selectos, probablemente de los escritos de Pablo (Shaul), [16] para sostener esta posición, pero como veremos más adelante en este texto, esas escrituras suelen ser mal interpretadas o mal traducidas para encajar dentro de la teología preconcebida de que "Jesús reemplazó la ley con la gracia."[17]

La noción de que la Torá es demasiado difícil o imposible de guardar implícitamente infiere que el Elohim del "Antiguo Testamento" [18] o más bien del Tanak, fue lo suficientemente sádico para obligar a Yisrael a obedecer algo que ellos no podían obedecer.[19] Esta no es la naturaleza de mi Elohim ni es la naturaleza del Elohim de las Escrituras llamado YHWH.[20] (A partir de este punto en adelante voy a usar YHWH cuando se hace referencia al nombre de Elohim comúnmente deletreado יהוה en hebreo moderno).

La Torá nunca fue considerada una carga por los Yisraelitas; sino que más bien se pensaba que era un regalo especial, un tesoro, a un pueblo que fue escogido para vivir vidas apartadas. (Tehellim 116: 162). Yisrael se suponía que fuera una nación de sacerdotes (Shemot 19: 6) y la

Torá les proporcionaba las instrucciones necesarias para vivir una vida recta, como leemos en el Sefer Debarim: *"Y tendremos justicia cuando cuidemos de poner por obra todos estos mandamientos delante de YHWH nuestro Elohim, como Él nos ha mandado."* Debarim 6:25.

La noción de que las instrucciones de YHWH eran de alguna manera una carga va en contra de la historia y de las enseñanzas expresadas en las Escrituras. Para empezar, la Torá fue dada a Yisrael <u>después</u> de que fueron liberados de la esclavitud. Las instrucciones fueron dadas a un pueblo libre que fue liberado de la opresión. Estas instrucciones no estaban destinadas para esclavos ni tampoco para poner a Yisrael de nuevo en la esclavitud. Tanto la liberación y las instrucciones eran regalos dados por un marido amoroso a Su novia - Yisrael.

Además, Yisrael nunca estuvo obligado a obedecer la Torá - ellos voluntariamente aceptaron obedecer la Torá después de haber sido liberados de la esclavitud. Si ellos hubieran estado de acuerdo aún cuando eran esclavos, pudo haberse visto como si lo hicieran bajo coacción. En su lugar, YHWH esperó a que fueran libres para ofrecerles Su Torá. *"[7] Entonces vino Mosheh, y llamó a los ancianos del pueblo, y expuso en presencia de ellos todas estas palabras que YHWH le había mandado. [8] Y todo el pueblo respondió a una, y dijeron:* **Todo lo que YHWH ha dicho, haremos***."* Shemot 19: 7-8. Esto fue lo mismo que cuando una novia dice "sí, acepto."

YHWH instruye específicamente a su pueblo: *"[20] Mañana cuando te preguntare tu hijo, diciendo: ¿Qué significan los testimonios y estatutos y decretos que YHWH nuestro Elohim os mandó? [21] entonces dirás a tu hijo: Nosotros éramos siervos de Faraón en Egipto, y YHWH nos sacó de Egipto con mano poderosa. [22] YHWH hizo señales y milagros grandes y terribles en Egipto, sobre*

Faraón y sobre toda su casa, delante de nuestros ojos; ^{23} y nos sacó de allá, para traernos y darnos la tierra que juró a nuestros padres. **^{24} Y nos mandó YHWH que cumplamos todos estos estatutos, y que temamos a YHWH nuestro Elohim, para que nos vaya bien todos los días, y para que nos conserve la vida, como hasta hoy."** Debarim. 6: 20-24.

Un mandamiento fundamental en relación con la Torá es que: *"No añadiréis a la palabra que yo os mando, ni disminuiréis de ella, para que guardéis los mandamientos de YHWH vuestro Elohim que yo os ordeno."* Debarim 4: 2. De nuevo en Debarim 12:32 leemos: *"Cuidarás de hacer todo lo que yo te mando; no añadirás a ello, ni de ello quitarás."* La palabra traducida como guardar y observar es la misma palabra en hebreo - shamar (שמר) y significa: guardar, proteger, defender. Es el mismo mandamiento dado a Adán y no podemos guardar y obedecer la Torá si añadimos a ella o le quitamos a ella.

Esto fue en el punto crucial de la desobediencia en el jardín. A Adán se le mandó "no comer" pero cuando se confrontó a la serpiente, la mujer añadió a la Torá diciendo que se les ordenó "no comer ni tocar" el árbol. Ella le añadió a un simple mandamiento que no era demasiado difícil de obedecer y esto dio lugar a que ella transgrediera el mandamiento.

Mosheh le dijo específicamente a Yisrael que los mandamientos no eran demasiado difíciles. " ^{11} <u>Este mandamiento que yo te ordeno hoy no es muy difícil para ti, ni está fuera de tu alcance.</u> ^{12} *No es [un secreto guardado] en el cielo, para que digas: "¿Quién subirá por nosotros al cielo para traérnoslo y hacérnoslo oír a fin de que lo guardemos?" ^{13} Ni está más allá del mar, para que digas: "¿Quién cruzará el mar por nosotros para traérnoslo y para hacérnoslo oír, a fin de que lo guardemos?" ^{14} Pues la palabra está muy cerca de ti, en tu* *boca y en tu corazón, para que la guardes."* Debarim 30: 11-14. La Biblia de las Américas.

Las Escrituras mesiánicas también confirman el hecho de que los mandamientos no son difíciles. *"Pues este es el amor de Elohim, que guardemos sus mandamientos. Y sus mandamientos no son gravosos."* 1 Yahanan 5: 3.

Estos pasajes de la Escritura van en contra de una creencia común en el cristianismo de que "no podemos guardar la ley." Había una ley que era opresiva y demasiado difícil de guardar - las leyes y tradiciones de los líderes religiosos. El apóstol Kefa, [21] comúnmente llamado Pedro, lo declaró claramente cuando le habló al concilio de Jerusalén (Yahrushalayim) [22] que se reunió para discutir la afluencia de gentiles conversos en la comunidad de creyentes. El declaró en Hechos 15:10: *"¿por qué tentáis a Elohim, poniendo sobre la cerviz de los discípulos un yugo que ni nuestros padres ni nosotros hemos podido llevar?"*

Muchos interpretan este pasaje como si Kefa estuviera declarando que los nuevos conversos no estaban sujetos a la Torá, que era una carga que nadie podía obedecer. Nada podría estar más lejos de la verdad. Kefa estaba hablando consecuente con el ministerio del Mesías, pero sus palabras son a menudo mal entendidas, porque la gente no entiende el ministerio del Mesías.

El Mesías Yahushua pasó gran parte de su ministerio distinguiendo entre las leyes gravosas de los hombres a diferencia de la Torá. Antes de que veamos el ministerio del Mesías, primero tenemos que sentar las bases para el ambiente religioso en el que Él apareció y ministró hace aproximadamente 2.000 años.

3
Los Fariseos y la Ley

Para entender correctamente las Escrituras mesiánicas que detallan la vida y ministerio de Yahushua, es importante entender el clima religioso y político en que Él enseñó, así como los tiempos en que fueron escritos los textos.

Durante el ministerio del Mesías, los romanos estaban en control de la tierra de Yisrael. Mientras que los romanos eran famosos por sus ejércitos feroces y su crueldad en el trato con los agresores, continuaron una filosofía similar a la de los griegos respecto a sus territorios conquistados. En la medida de lo posible ellos le permitían a sus súbditos continuar con sus identidades culturales, siempre y cuando esto no entrara en conflicto con los intereses de Roma.

Los romanos continuaron las tradiciones helenísticas promovidas y presentadas por Alejandro Magno y las dinastías sucesoras resultantes de las guerras de los diáconos. Estas sociedades contenían una mezcla de muchas culturas y religiones. Ellos eran politeístas y paganos y por lo tanto creían en la existencia de muchos dioses y diosas diferentes. Como resultado, la fe de Yisrael, que adoraba a un solo Elohim, fue visto como algo extraño y hasta repulsivo. De hecho, aquellos que seguían a Elohim fueron a menudo denominados "ateos," ya que no creían en los dioses populares.

A pesar de estas diferencias, los Yisraelitas generalmente tenían permiso para continuar sus prácticas religiosas incluyendo la operación del templo y la observancia de las fiestas bíblicas que se encuentran en Vayiqra (Levítico) capítulo 23.[23]

Los Yisraelitas, siendo un pueblo conquistado, también era un pueblo dividido. Los saduceos, los fariseos, los esenios y los zelotes eran las sectas principales de los Yisraelitas a pesar de que no eran de ninguna manera las únicas.[24] Sin entrar en demasiado detalle sobre las diferencias doctrinales entre las sectas, las dos más referidas con más frecuencia las Escrituras mesiánicas eran los saduceos y los fariseos. Los saduceos se veían a sí mismos como los descendientes físicos y espirituales de Sadoc - un alto sacerdote de la familia de Aarón. Durante el ministerio de Yahushua ellos presidían los ritos y los sacrificios del templo y componían la mayor parte de los miembros del Sanedrín - el cuerpo gobernante de Yisrael. Ellos tendían a ser conservadores, aristócratas ricos y por lo tanto se elevaban por encima del hombre común.

Los fariseos, en cambio, tendían a ser clase media y eran los contendientes principales de los saduceos. Estaban muy interesados e involucrados en la aplicación diaria de la Torá en la vida de los Yisraelitas individuales. Así que se involucraban mucho más con el hombre común, que era probablemente un factor importante en su prominencia.

La diferencia principal entre las dos sectas era su visión de la Torá. Los fariseos no sólo creían en la Torá escrita, sino también en la Torá oral, que supuestamente complementaba la Torá escrita. Esto dio paso a que los fariseos fueran capaces de proporcionar interpretaciones de la Torá lo cual los facultaba a añadir sus propias costumbres, normas, reglamentos y leyes a las instrucciones que se encuentran en la Torá escrita.

De acuerdo con el historiador del primer siglo Flavio Josefo: "Los fariseos han entregado al pueblo un gran número de observancias por la sucesión de sus padres, las cuales no están escritas en la ley de Moisés; y por esa razón es que los saduceos los rechazan y dicen que hemos de estimar como observancias obligatorias aquellas que están en la palabra escrita, pero no debemos observar las que se derivan de la tradición de nuestros antepasados."[25]

La denominada Torá oral, ahora se ha escrito y se encuentra principalmente en el Talmud que incluye la Mishná y Guemará - también hay escritos conocidos como el Midrash. Al llamar los preceptos hechos por el hombre la **Torá oral**, esto da una sensación inmediata de credibilidad cuando, en su mayor parte, la Torá oral está llena de opiniones, leyes, costumbres y tradiciones hechas por el hombre, que en muchos casos son un intento de colocar una cerca alrededor de la Torá.

La idea de erigir una cerca alrededor de la Torá es una tradición desarrollada por el judaísmo, que suena muy piadosa en un principio hasta que usted ve lo que realmente está sucediendo. Para asegurar que el pueblo no se acerque lo suficiente a los mandamientos para quebrantarlos - ellos pusieron una cerca entre el hombre y la Torá. Esto mantiene a la gente lejos de la Torá asegurando así que no desobedezcan la Torá pero esto a menudo oscurece la verdadera Torá y la esconde detrás de los mandamientos de los hombres. El problema con la Torá oral y la construcción de una cerca alrededor de la Torá es el hecho de que ninguna está respaldada por las Escrituras.

De acuerdo a Shemot (Éxodo) 24:3: *"**Y Mosheh vino y <u>contó</u> al pueblo <u>TODAS</u> las palabras de YHWH, y <u>TODAS</u> las leyes.***" En Shemot 24: 4 las Escrituras también declaran específicamente que *"Mosheh **escribió TODAS <u>las palabras de YHWH.</u>**"* Por lo tanto de acuerdo a la lectura clara de las Escrituras, creo que Mosheh escribió TODAS las palabras y la única Torá oral a la que me suscribo fue la que se transmitió a los hombres antes de que fuera escrita por Mosheh, que de ninguna manera debe contradecir la Torá de Mosheh porque era la misma.

El desarrollo de la Torá oral es muy importante, ya que les proporcionaba a los fariseos poder sobre los hombres. Cuando cualquier sistema religioso o denominación es capaz de desarrollar normas que dictan las vidas y las acciones de sus participantes - aquellos que hacen las reglas, de esta manera adquieren empoderamiento. La Torá ordena específicamente que: *"No añadiréis a la palabra que yo os mando, ni disminuiréis de ella, para que guardéis (shamar) los mandamientos de YHWH vuestro Elohim que yo os ordeno."* Debarim 4:2. El desarrollo de una Torá oral es una violación directa de este mandamiento porque las leyes orales suelen añadir, quitar o contradecir la Torá escrita que se traduce en un fracaso de guardar los mandamientos.

Una vez más, la palabra "guardar" es "shamar" en hebreo que es el mismo mandamiento que se le dio a Adán en el jardín. Como ya comentamos en el capítulo anterior la mujer, Hawah, añadió a la Torá y, literalmente, al añadir el mandamiento de "no tocar el árbol," ella construyó su propia cerca alrededor de la Torá. A pesar de este ejemplo tan claro los hombres repitieron su error mediante el desarrollo de la Torá oral.

Las leyes y las tradiciones que constituyen la Torá oral, se conocen específicamente como los takanot (תקנות) y ma'asim (מעשים). La palabra takanot significa "promulgaciones" y se refiere a las leyes promulgadas por los fariseos. Ma'asim significa literalmente "obras o acciones" y se refiere a los precedentes de los rabinos que proporcionan la fuente de resoluciones farisaicas junto con resoluciones posteriores sobre la base de esos precedentes.²⁶

A través de los siglos, estas promulgaciones y precedentes se convirtieron en un potente conjunto de reglas y regulaciones que han operado para definir y controlar la religión ahora conocida como judaísmo, que es bastante diferente a la fe del Yisrael antiguo. Estos decretos y precedentes establecidos por los rabinos, los sucesores de los fariseos, se les dio el mismo, o mayor peso, que la Torá.²⁷

Lea lo que el sabio Maimónides del siglo 12 de Babilonia, también conocido como Rambam, escribió acerca de este tema: "Si hay 1.000 profetas, todos ellos de la estatura de Elías y Eliseo, dando una cierta interpretación, y 1.001 rabinos dan la interpretación opuesta, usted deberá "inclinarse a la mayoría" (Shemot 23: 2) y la ley será de acuerdo a los 1.001 rabinos, no de acuerdo a los 1000 profetas venerables. Y por tanto nuestros sabios dijeron: "Por Dios, si escucháramos el asunto directamente de la boca de Josué, hijo de Nun, ¡no le obedeceríamos ni lo escucharíamos a él!. . . Entonces, si un profeta testifica que el Santo, que el Bendito, le dijo que la legislación de un determinado precepto es tal y tal, o [incluso] que el razonamiento de un cierto sabio es correcta, ese profeta debe ser ejecutado. . . como está escrito, 'no está en los cielos' (Debarim 30:12). <u>Por lo tanto Dios no nos permite aprender de los profetas, sólo de los rabinos que son los hombres de la lógica y la razón</u>."²⁸

En mi opinión, Rambam "destruyó la Torá" a través de esta interpretación. En el estudio de la Torá era común referirse a una mala interpretación como "la destrucción de la Torá," mientras que una buena interpretación "cumpliría la Torá." Ramban citaba incorrectamente la Escritura en un esfuerzo por sacar de ella lo que quería - una excusa para consolidar el poder de los rabinos. Rambam utilizó este razonamiento para justificar la ejecución de cualquier profeta que profetizara que los rabinos estaban equivocados en cualquier punto de la interpretación.

Esta era la misma actitud que impregnaba el pensamiento farisaico durante el tiempo de Yahushua que llevó a la ejecución del profeta - Mesías, y era este mismo espíritu el que Yahushua estaba confrontando - los hombres y sus reglas luchando en contra de YHWH y Su Torá. Al igual que sus antepasados mataron a los profetas (Lucas 11:48) que los confrontaron a ellos y a sus errores, así también mataron a Yahushua porque Él desafió su autoridad auto impuesta. Este es el núcleo de la mayoría de los sistemas religiosos hechos por el hombre - hombres luchando en contra de su Creador y tomando para sí el poder, la autoridad y la gloria que le pertenece solo a Él.

4

El Mesías y la Torá

Mientras que los fariseos estaban construyendo su propio reino, Yahushua llegó proclamando el reino de YHWH (Marcos 1: 14-15) y la Torá es la "constitución" de ese reino. Él predicó el arrepentimiento, que es el acto de apartarse del pecado y de regresar a las instrucciones del Todopoderoso - la Torá.

Una maravillosa profecía mesiánica proporcionada en el Sefer Tehilim (Salmos) dice lo siguiente: *"⁷ . . . He aquí, vengo; En el rollo del libro está escrito de mí; ⁸ El hacer tu voluntad, Elohim mío, me ha agradado, Y tu Torá está en medio de mi corazón. ⁹ He anunciado justicia en grande congregación; He aquí, no refrené mis labios,YHWH, tú lo sabes. ¹⁰ No encubrí tu justicia dentro de mi corazón; He publicado tu fidelidad y tu salvación; No oculté tu misericordia y tu verdad en grande asamblea."* Tehilim 40:7-10.

Este texto revela que la Torá estaría en el corazón del Mesías y que todo es acerca de Él. El pasaje proclama "*Vengo; en el rollo (pergamino) del libro está escrito de mí.*" En otras palabras, la Torá debe señalar al Mesías y todo lo que Él dijo e hizo debe ser consistente con la Torá.

Interesantemente, las últimas palabras que se encuentran en la mayoría de las Biblias en español vienen del profeta Malaquías, que dice: " **⁴ *Acordaos de la Torá de Mosheh mi siervo, al cual encargué en Horeb ordenanzas y*** *leyes para todo Yisrael.* ⁵ *He aquí, yo os envío el profeta Elías, antes que venga el día de YHWH, grande y terrible.* ⁶ *El hará volver el corazón de los padres hacia los hijos, y el corazón de los hijos hacia los padres, no sea que yo venga y hiera la tierra con maldición."* Malaquías 4: 4-6.

El Mesías declaró que Juan el Bautista, conocido con más exactitud como Yahanan el que sumerge, era Elías (Eliyahu) que vino a *"Preparar el camino de YHWH; a enderezar sus sendas."* Esto es una referencia directa a la Torá. Yahanan predicó *"Arrepentíos porque el reino de los Cielos se ha acercado."* (Mattityahu 3: 2). Esto es también lo mismo que Yahushua predicó cuando comenzó su ministerio: *"Arrepentíos porque el reino de los Cielos se ha acercado."* (Mattityahu 4:17). Una examinación detallada de su ministerio revela que todo lo que Él enseñó fue acerca del reino y de la Torá, que contiene las reglas del reino.

Así que no había error en relación con su posición a la Torá, Yahushua hizo una declaración muy clara e inequívoca durante una de sus primeras enseñanzas públicas comúnmente llamada "El Sermón del Monte." Él declaró específicamente *"¹⁷ No penséis que he venido para abrogar la Torá o los profetas; no he venido para abrogar, sino para cumplir. ¹⁸ Porque de cierto os digo que hasta que pasen el cielo y la tierra, ni una jota ni una tilde pasará de la Torá, hasta que todo se haya cumplido.* **¹⁹ *De manera que cualquiera que quebrante uno de estos mandamientos muy pequeños, y así enseñe a los hombres, muy pequeño será llamado en el reino de los cielos; mas cualquiera que los haga y los enseñe, éste será llamado grande en el reino de los cielos."*** Mattityahu (Mateo) 5: 17-19. Hay versiones hebreas de Mateo que se leen un poco diferente, pero hacen que el punto sea incluso más fuerte. Algunas tienen al Mesías declarando: "No penséis que he venido para añadir o substraer de la Torá."

Los cristianos a menudo luchan con este pasaje ya que no se sincroniza con su comprensión de "la ley" y la gracia. El mantra popular cristiano de que "estamos bajo la gracia y no bajo la ley" ha sido útil para justificar la idea de que los cristianos no tienen que obedecer las instrucciones de YHWH que se encuentran en la Torá, a pesar del hecho de que una examinación del contexto de las Escrituras claramente revela lo contrario.

Una de las razones de la confusión que rodea la declaración de Yahushua es que la gente suele pensar de "cumplir" como completar o llevar algo a su fin. Lo que Yahushua quiso decir era que Él vino "para hacer perfecta" o "para llenar, para dar sentido" y para mostrar el corazón de la Torá. En esencia, las Escrituras pre-mesiánicas que se encuentran en el Tanak estaban incompletas sin el Mesías. Por lo tanto Él no vino a abolir la Torá, sino a llenarla con significado. Él nos mostró lo que fue realmente vivir y caminar de acuerdo a las instrucciones de YHWH - Él se convirtió en nuestro ejemplo vivo, a seguir - la palabra se hizo carne.

David H. Stern en su comentario sobre Mattityahu 5:17 dice: "la palabra griega para 'completar' es 'plerosai,' literalmente, 'llenar;' sin embargo, la traducción habitual aquí, es 'cumplir.' La teología del reemplazo, que enseña erróneamente que la iglesia ha reemplazado a los judíos como pueblo [de Elohim], entiende este versículo erróneamente. . . [Yahushua] 'cumpliendo' la Torá se cree que significa que no es necesario que las personas la cumplan ahora. Pero no hay una lógica en la presuposición de que [Yahushua] obedeciendo la Torá elimina nuestra necesidad de obedecerla. . . [Yahushua] no vino a abolir, sino a "completar" (plerosai) el significado de lo que la Torá y las exigencias éticas de los profetas requieren. Por lo tanto Él vino a completar nuestra comprensión de la Torá y los profetas para que podamos intentar más efectivamente ser y hacer lo que ellos dicen que seamos y hagamos."[29]

El Sr. Stern está en lo correcto cuando vincula la Teología del Reemplazo con la enseñanza de que el cumplimiento de Yahushua de la Torá resultó en la abolición de la Torá. El texto muy clara y brevemente dice exactamente lo contrario. Sólo cuando se intenta aplicar una teología preconcebida de que la "iglesia" ha reemplazado a Yisrael y que la gracia ha sustituido a la Torá se trataría de interpretar el texto de tal manera.

Es importante señalar que en dos ocasiones en el versículo 17 Yahushua afirma que Él *no vino a destruir la Torá*. Luego prosigue afirmando lo contrario - que Él vino a llenar o a cumplir la Torá - estos son claramente objetivos diferentes. Destruir significa acabar con y Él específicamente dijo que Él no vino a hacer eso. La palabra plerosai ($\pi\lambda\eta\rho\omega\sigma\alpha\iota$) que a menudo se traduce como "cumplir" en ese pasaje en particular no significa, y no puede significar acabar con, de lo contrario Yahushua estaría contradiciéndose a sí mismo. Por lo tanto, cuando Yahushua dijo que Él vino a cumplir la Torá Él no quiso decir que Él vino a acabar con la Torá.

Además, cuando Yahushua dijo que "hasta que el cielo y la tierra pasen ni una jota ni una tilde" de la Torá pasarán, Él estaba haciendo una declaración muy precisa y definitiva. En primer lugar Él dio un marco de tiempo, que es el paso de los cielos y la tierra. Debido a que el cielo y la tierra aun están aquí, es muy seguro decir que la Torá no ha pasado. En segundo lugar, Él dijo que ni una jota ni una tilde pasarían de la Torá hasta que todo se haya cumplido.

Se enseña comúnmente que la jota está destinada a significar la "iota" (i) y la "yud" (׳) que es la letra más pequeña del alfabeto griego y hebreo, una tilde, que es un trazo, un punto u otra marca hecha en el rollo de la Torá, como las puntas decorativas añadidas a los caracteres hebreos. Esta es sin duda una comprensión exacta, pero hay otra interpretación con respecto a las jotas y a las tildes que es un poco más profunda.

Aparte de los caracteres hebreos observables escritos en un rollo de la Torá, hay otros mensajes alojados en el texto que no son perceptibles a menos que usted examine un pergamino hebreo. La razón se debe a que hay muchas marcas no traducidas que fueron supuestamente escritas por Mosheh y fueron incluidas en cada rollo de la Torá escrita a partir de entonces. Estas no son necesariamente tan evidentes como las "jotas" y las "tildes" y podrían ser fácilmente omitidas por el lector. Estas marcas incluyen cosas tales como puntos, letras agrandadas, letras reducidas, letras invertidas, letras alargadas y separadas, todas con un significado especial, pero ninguna de ellas jamás se traduce. Por lo tanto, si usted sólo revisa una traducción al español de la Torá nunca verá siquiera estas cosas. Por lo tanto, las jotas y las tildes pueden interpretarse que signifiquen, no sólo los caracteres hebreos y los trazos y puntas añadidas a ellas, sino también los puntos y las marcas que no están siquiera traducidos como la letra nun invertida representada anteriormente.

Con cualquier interpretación, el punto contundente que se está haciendo es que nada en la Torá, ni siquiera la marca o la letra más pequeña - ya sea traducida o no - va a cambiar o pasar, siempre y cuando el cielo y la tierra se encuentren todavía en existencia. Esto parece profundo y es ciertamente contrario a la teología cristiana aceptada, a pesar de que fue dicho por el Mesías en el comienzo de las Escrituras mesiánicas. Sólo cuando usted comprende plenamente esta importante declaración se puede entonces entender las enseñanzas del Mesías en su contexto adecuado - así como sus famosas confrontaciones con los escribas y los fariseos.

5
El Mesías y los Fariseos

Una vez que se entiende que Yahushua afirmó la Torá y su continua validez hasta que *"todo se haya cumplido y hasta que el cielo y la tierra permanezcan"* podemos entonces comenzar a ver que todas sus enseñanzas estaban absolutamente de acuerdo con la Torá. La razón por la que Él hizo esta proclamación fue porque los líderes religiosos habían añadido, y sustraído de la Torá a través de sus takanot y ma'asim. Yahushua vino a restaurar la Torá al pueblo y parte de esta misión involucraba confrontar la autoridad autoimpuesta de los fariseos.

Los fariseos creían que tenían la autoridad para interpretar la Torá y para instruir al pueblo en cómo obedecer la Torá. Yahushua vino a desafiar esa autoridad y esta fue la controversia que subyace en relación con la mayoría de sus enfrentamientos. A veces leemos acerca del Mesías haciendo algunas cosas bastante peculiares que no necesariamente tienen sentido porque no siempre entendemos este conflicto subyacente. Como parte de su ministerio Él se enfrentó a los líderes religiosos y violó intencionalmente sus leyes de hombres. Al hacerlo así Él estaba derribando la cerca que habían construido alrededor de la Torá.

Por ejemplo, su primer milagro registrado de convertir el agua en vino fue una afrenta directa a su tradición concerniente al agua ceremonialmente purificada.

Para aquellos familiarizados con la mikvah,[30] está claro por qué la gente tendría grandes cantidades de agua para inmersiones de los rituales en su casa, aunque es dudoso que una piscina de inmersión en una casa en realidad califique como agua viva. Como la mayoría de las personas utilizaban recipientes de líquido para almacenar ya sea vino o agua, habría sido importante lavar bien los recipientes para eliminar cualquier vestigio de vino si iban a retener agua ritualmente purificada. Según la tradición, esta agua no podía tener ningún sabor a vinagre ni evidencia de vino, de lo contrario no sería considerada pura. Al usar estas jarras de agua designadas que estaban llenas de agua que luego se convirtió en vino, Yahushua estaba enviando un mensaje poderoso acerca de sus costumbres. (Yahanan 2:6).[31]

En otra ocasión, usando saliva, Yahushua hizo barro y lo puso en los ojos de un hombre para curarlo, lo cual estaba en contradicción directa con las leyes hechas por el hombre con respecto a lo que se podría hacer en el día de reposo, conocido en hebreo como el "Shabat." Según la tradición, era una violación hacer cualquier cosa en el Shabat y, lo crea o no, estaba prohibido poner saliva en los ojos de una persona para sanarlo en el Shabat.[32] También estaban los que consideraban que sanar en Shabat era una violación. Por lo tanto en este caso Él violó tres de las leyes hechas por el hombre, pero ninguno de los mandamientos de la Torá. (Yahanan 9: 1).

Yahushua proporcionó otro ejemplo maravilloso acerca de romper las leyes de los hombres cuando sanó al hombre con la mano seca en el Shabat. (Mattityahu (Mateo) 12: 9-13). De acuerdo con los fariseos, tal conducta no era permitida en el Shabat. Esto, por supuesto, es absurdo, porque en ninguna parte de la Torá hay prohibiciones sobre curar, especialmente en el Shabat. Hay muy pocos mandamientos acerca del Shabat en la Torá, pero los fariseos habían desarrollado cientos. Una vez más, es evidente que Yahushua calcula sus acciones para desafiar la autoridad de los fariseos y de sus takanot aunque Él siempre observó la Torá.

De hecho, en otro caso de sanidad, Yahushua instruyó específicamente al leproso a obedecer la Torá después de que él había sido sanado. *"[12] Sucedió que estando Él en una de las ciudades, se presentó un hombre lleno de lepra, el cual, viendo a Yahushua, se postró con el rostro en tierra y le rogó, diciendo: Maestro, si quieres, puedes limpiarme. [13] Entonces, extendiendo Él la mano, le tocó, diciendo: Quiero; sé limpio. Y al instante la lepra se fue de él. [14] Y Él le mandó que no lo dijese a nadie; <u>sino ve, le dijo, muéstrate al sacerdote, y ofrece por tu purificación, según mandó Mosheh.</u>"* Lucas 5:12-14.

En este caso, el hombre reconoció que estaba enfermo e impuro, tal como tenemos que reconocer que nuestras transgresiones nos hacen impuros. Él tuvo fe en que Yahushua podía curarlo y, de hecho, Yahushua demostró que estaba dispuesto a curarlo. El hombre fue tocado por Yahushua y fue sanado. El hecho de que Yahushua tocara a un leproso era bastante increíble porque en general la gente evitaría a los leprosos por ser tamei (טמא). De hecho, un leproso tenía que rasgar su ropa, afeitarse la cabeza y gritar "¡Inmundo! ¡Inmundo!" para que la gente no se acercara a ellos. (Vayiqra 13: 45-46). En lugar de evitar al leproso, Yahushua le tocó - ¡qué maravillosa demostración de Su amor y compasión. A continuación, instruyó al hombre a obedecer la Torá en relación a la sanidad de la lepra que se encuentra en Vayiqra 4: 1-32.[33]

Este mitzvot[34] en particular es muy detallado y sospecho que no se hizo muchas veces, o nunca. Tome nota de como Yahushua le instruyó al hombre a obedecer la

Torá "para testimonio a ellos" - es decir, los sacerdotes. Esto sucede a menudo con nuestra obediencia a la Torá - es para nuestra bendición, pero también es un testimonio para los demás. Seguramente esto debió haber sorprendido a los sacerdotes, ver a un hombre sanado de la lepra porque esta era una señal bien entendida y aceptada del Mesías.

Yahushua instruyó claramente a la gente a obedecer la Torá y creo que Él a menudo instruyó a sus discípulos y a otros a desobedecer el takanot intencionalmente para que Él pudiera señalar el error de los fariseos. Un buen ejemplo de este hecho es cuando los discípulos estaban caminando a través de campos de grano en Shabat (Lucas 6: 1-2). Mientras caminaban, arrancaron espigas, las frotaron en sus manos y se las comieron. Al ver esto, algunos de los fariseos le preguntaron a Yahushua por qué estaban haciendo algo que no estaba permitido en el Shabat.[35] Una vez más, usted puede buscar en la Torá de arriba hacia abajo y no encontrará ningún mandamiento que prohíbe tal conducta en el Shabat, aunque estaba prohibido por las tradiciones de los hombres.

En otro caso de sanidad, Yahushua le dijo a un hombre paralizado que esperaba en el estanque en la puerta de las ovejas llamada Beit Zatha: *"[8]... Levántate, toma tu lecho, y anda.[9] Y al instante aquel hombre fue sanado, y tomó su lecho, y anduvo. Y era el Shabat aquel día. [10] Entonces los Yahudim dijeron a aquel que había sido sanado: Es el Shabat, no te es lícito llevar tu lecho."* Yahanan 5: 8-10. La palabra lecho muy probablemente se refiere a un colchón o una colchoneta y en lugar de centrarse en la curación milagrosa, los hombres religiosos criticaron al hombre por llevar su colchoneta - una violación de su takanot.

En mi opinión, no hay ningún otro pasaje de la Escritura que demuestre más resumidamente el enfoque de la enseñanza de Yahushua que en el tema del lavado de las manos. Lea primero el registro y luego daré mas detalles.

"*¹Entonces se acercaron a Yahushua ciertos escribas y fariseos de Yahrushalayim, diciendo: ² ¿Por qué tus discípulos quebrantan la tradición de los ancianos? Porque no se lavan las manos cuando comen pan. ³ Respondiendo él, les dijo: ¿Por qué también vosotros quebrantáis el mandamiento de Elohim por vuestra tradición? ⁴ Porque Elohim mandó diciendo: Honra a tu padre y a tu madre; y: El que maldiga al padre o a la madre, muera irremisiblemente. ⁵ Pero vosotros decís: Cualquiera que diga a su padre o a su madre: Es mi ofrenda a Elohim todo aquello con que pudiera ayudarte, ⁶ ya no ha de honrar a su padre o a su madre. Así habéis invalidado el mandamiento de Elohim por vuestra tradición. ⁷ Hipócritas, bien profetizó de vosotros Yeshayahu, cuando dijo: ⁸ Este pueblo de labios me honra; Mas su corazón está lejos de mí. ⁹ Pues en vano me honran, Enseñando como doctrinas, mandamientos de hombres.*"
Mattityahu (Mateo) 15:1-9.

Para entender completamente lo que está pasando en este texto es útil entender los antecedentes históricos, así como ir más allá del texto en español. Como se mencionó, los fariseos habían desarrollado sus propias tradiciones religiosas aparte de la Torá, siendo uno de ellos el mandamiento concerniente al lavado de las manos. Mientras que muchos de los que leen este pasaje creen que en realidad hay un mandamiento acerca del lavado de manos en la Torá - están equivocados. Esto realmente no es nada más que una tradición hecha por el hombre - usted no encontrará este mandamiento en ningún lugar de la Torá.

Independientemente, la tradición existe hasta este día conocida como Netilat Yadaim. La siguiente es una muestra de la liturgia utilizada comúnmente por aquellos en el judaísmo para cumplir su takanot heredado. Éste se realiza antes de hacer pan.

El Lavado de Manos para el Challah

- Asegúrese de que sus manos estén limpias y secas.
- Sujete la copa de lavado con la mano derecha.
- Transfiera la copa de lavado a la mano izquierda.
- Ponga su puño de la mano derecha suelto.
- Vierta el agua sobre su mano derecha - lo suficiente para mojar el interior y exterior de su puño derecho.
- Repetir.
- Transfiera la copa de lavado a la mano derecha.
- Vierta el agua sobre su mano izquierda - lo suficiente para mojar el interior y exterior de su puño izquierdo.
- Repetir.
- Ponga sus manos holgadamente con las palmas hacia arriba, como si fuera a "aceptar" la pureza, levante sus manos y recite:

Ba-rooch Attah A-do-nay, Melej E-lo-hay-noo ha-olam, asher ki-di-sha-noo bi-mi-tz-vo-sav, vi-tzee-va-noo al ni-te-las ya-da-Yim.

(Bendito eres Tú Hashem (el Amo) nuestro Di-s (Fuente de nuestra fortaleza) Rey del universo, quien nos ha hecho santos (especiales para Él) a través de sus mandamientos, y nos ha mandado acerca del lavado del (nuestras) manos.)

Seque sus manos perfectamente.[36]

Mientras que los fariseos puede que no hayan seguido este procedimiento exacto, este es el resultado final del takanot al que ellos estaban haciendo referencia. Observe que en la oración ellos afirman que YHWH nos ordenó acerca del lavado de las manos – lo cual Él no lo hizo. Aunque ciertamente no es una mala idea lavarse las manos antes de comer, no es un mandamiento.

Si usted examina el texto hebreo de Mattityahu (Mateo) la esencia del conflicto es clara. Los fariseos primero enfrentan a Yahushua preguntándole: "¿Por qué tus discípulos (talmidim) transgreden el takanot de los ancianos al no lavarse las manos antes de comer?" Sorprendentemente, ellos consideraban una transgresión desobedecer un takanot. Yahushua les respondió preguntando: "¿Por qué ustedes quebrantan las palabras de Elohim a causa de sus takanot?" Observe que Él lo llama sus takanot, que es absolutamente correcto. No está en la Torá y el takanot no es de YHWH - es de los hombres.

Yahushua le estaba dando a la élite religiosa una lección de la Torá. También estaba reprendiéndolos por poner sus propias tradiciones por encima de la Torá y, de hecho, reemplazando la Torá y haciéndola de ningún efecto. Un aspecto notable de este pasaje es que Yahushua cita al profeta Yeshayahu (Isaías) durante parte de la represión que viene a demostrar que la conducta de los fariseos no era nada nueva - se había profetizado con cientos de años de antelación.

He proporcionado sólo unos pocos ejemplos que demuestran claramente la motivación que hay detrás de gran parte de la conducta de Yahushua. Sus acciones eran a menudo una afrenta directa al takanot de los líderes religiosos y a menos que usted entienda la dinámica de lo que estaba pasando, usted se perderá gran parte del sabor de su ministerio. Teniendo este conocimiento, es mi esperanza de que el lector pueda ahora estudiar las Escrituras mesiánicas bajo una nueva luz y ver que Yahushua guardó Su palabra. Él no vino a agregar o a quitar de la Torá, sino para mostrarnos la plenitud de la Torá.

Los líderes religiosos habían escondido la Torá de la mayoría de la gente y Yahushua vino a revelar la Torá y a exponer a los fariseos – Lo hacía justo en su cara. En Mattityahu (Mateo) 23: 27-28 leemos como el Mesías proclama: *"²⁷ ¡Ay de vosotros, escribas y fariseos, hipócritas! porque sois semejantes a sepulcros blanqueados, que por fuera, a la verdad, se muestran hermosos, mas por dentro están llenos de huesos de muertos y de toda inmundicia. ²⁸ Así también vosotros **por fuera, a la verdad, os mostráis justos a los hombres, pero por dentro estáis llenos de hipocresía e iniquidad**."*

La palabra iniquidad viene de la palabra griega "anomias" (ανομίας), lo cual significa específicamente **sin Torá**. Por lo tanto, las mismas personas que se suponía que iban a estar enseñando la Torá son acusados de no tener la Torá en ellos. A través de sus takanot y ma'asim ellos **añadieron** y **sustrajeron** de la Torá. Colocaron cargas pesadas sobre los hombros, lo cual era exactamente lo opuesto a lo que la Torá pretendía hacer. La Torá fue dada a un pueblo redimido que fue anteriormente esclavo. No tenía la intención de volver a ponerlos en la esclavitud - estaba destinada para un pueblo libre. Esta es la razón por la cual Yahushua declaró específicamente que su yugo - que es la Torá - es ligero y fácil. (Mattityahu 11:30).[37]

Una de las razones por las que los fariseos trataron de matar a Yahushua fue porque Él desafió su autoridad y el asunto de la autoridad continuó después de la muerte y resurrección del Mesías y eventualmente impregnó a la asamblea de los creyentes. Shaul incluso sintió la necesidad de aclarar la cuestión de la autoridad cuando se dirigió a la asamblea de Corinto: *"Pero quiero que sepáis que el Mesías es la cabeza de todo varón, y el varón es la cabeza de la mujer, y Elohim la cabeza del Mesías."* 1 Corintios 11: 3. Observe que no hay papas, obispos, rabinos, sacerdotes, pastores o ancianos mencionados aquí. La unidad familiar es la estructura más importante creada por YHWH y la autoridad espiritual fluye de Elohim a través de la unidad familiar.

Tristemente, los caciques religiosos continúan colocándose entre los hombres y YHWH y entre los maridos y sus esposas e hijos. Parece que casi cada sistema religioso tiene su propia jerarquía y estructura de poder que coloca a las masas, también conocidas como los laicos, en la parte inferior de la pirámide de poder. Aquí es donde obtenemos el término nicolaíta. Dos raíces de palabras griegas "nico" y "laos" se juntan para formar "nicolaíta." Nico significa "vencer o obligar," mientras que Laos significa "la gente común." Esta noción de conquistar o de gobernar a la gente común es lo que Yahushua llama la doctrina de los nicolaítas y era lo único hasta donde sé que Él dijo que odiaba. (Apocalipsis 2:15).[38]

El judaísmo rabínico fue generado a partir del fariseísmo y continúa enseñando que los rabinos tienen la autoridad para interpretar la Torá. Estoy consternado por el hecho de que hay muchos en el movimiento mesiánico moderno que profesan seguir a Yahushua pero al mismo tiempo se suscriben a esta enseñanza. Como resultado, se están poniendo a sí mismos bajo la autoridad espiritual de un sistema religioso que no sólo niega el hecho de que Yahushua era el Mesías, sino que también tiene una historia de profanar el nombre y el ministerio de Yahushua y trabaja activamente contra los creyentes a través de los llamados "anti-misioneros."[39]

Yahushua dijo: *"[49] Porque yo no he hablado por mi propia cuenta; el Padre que me envió, él me dio mandamiento de lo que he de decir, y de lo que he de hablar. [50] Y sé que su mandamiento es vida eterna. Así pues, lo que yo hablo, lo hablo como el Padre me lo ha dicho."* Yahanan 12:49-50 RVR1960. Está claro que lo que

Yahushua habla es del Padre y Él dice que su mandamiento es vida eterna. Él es la cabeza de todo hombre, no el papa, el sacerdote o el pastor ni los fariseos o sus sucesores, los rabinos. Ese es el resultado final de la autoridad religiosa.

Curiosamente, Yahushua parece contradecir este hecho dando instrucciones a sus seguidores a obedecer a los fariseos en un pasaje que se encuentra en las Buenas Nuevas según Mattityahu. Así que lo que hacemos lo hacemos de la siguiente declaración atribuida al Mesías de la traducción Reina-Valera: *"^{2} En la cátedra de Moisés se sientan los escribas y los fariseos. ^{3} Así que, todo lo que os digan que guardéis, guardadlo y hacedlo; mas no hagáis conforme a sus obras, porque dicen, y no hacen. ^{4} Porque atan cargas pesadas y difíciles de llevar, y las ponen sobre los hombros de los hombres; pero ellos ni con un dedo quieren moverlas."* Mattityahu (Mateo) 23: 2-5 RVR1960.

Esta versión parece estar en conflicto con otras enseñanzas de Yahushua cuando Él corrige constantemente a los escribas y fariseos y desafía su autoridad. En este pasaje parece estar diciéndole a la gente que sigan a los escribas y a los fariseos, haciendo lo que ellos le dicen a la gente que hagan, pero que no sigan su ejemplo en la forma en que actúan. Si esto era en realidad lo que Él estaba enseñando entonces Él estaría contradiciéndose a sí mismo. La razón de la confusión es porque la mayoría de las traducciones modernas traducen mal este pasaje.

Una traducción correcta de este pasaje debería decir lo siguiente: *"^{2} Los escribas y los fariseos se sientan en el asiento de Mosheh. ^{3} Por lo tanto lo que él [Mosheh] les diga que observen, eso observen y hagan, pero no hagan según las obras de ellos; porque ellos dicen, y no hacen. ^{4} Porque ellos atan cargas pesadas y difíciles de llevar, y las ponen sobre los hombros de los hombres; pero ellos mismos no quieren moverlas con uno de sus dedos. ^{5} Antes,* *todas las obras de ellos las hacen para ser vistas por los hombres. Ellos ensanchan su tefilín y amplían los tzitzit de sus prendas. ⁶Ellos aman los primeros asientos en las fiestas, y las primeras sillas en las sinagogas, ⁷ las salutaciones en las plazas, y ser llamados por los hombres, 'Rabí'* " Mattityahu (Mateo) 23: 2-8.[40]

Este pasaje es traducido de los textos arameos y hebreos de Mattityahu[41] y claramente establece la intención de Yahushua. El asiento de Mosheh es una silla que se encuentra en algunas sinagogas antiguas y se creía que este era el lugar donde la persona se sentaba para leer la Torá o donde el rollo de la Torá se colocaba cuando no se estaba usando.[42]

El significado de la frase "los escribas y los fariseos se sientan en el asiento de Mosheh" no es del todo clara, ya que podría ser tanto literal como metafórico. Algunos creen que Yahushua reconocía su autoridad, pero podría significar simplemente que ellos eran los que estaban a cargo de los rollos de la Torá que eran bastante raros y valiosos. Algo que está claro es el hecho de que Yahushua le estaba diciendo a la gente que hiciera lo que dice Mosheh, no lo que los fariseos hacen. En otras palabras, lo que Mosheh dijo y lo que hicieron los fariseos no siempre era lo mismo, por lo tanto, sométanse a Mosheh y hagan lo que él instruyó.

Yahushua también hizo un comentario interesante que a menudo se pasa por alto. Él dijo en el versículo 5: " *las obras de ellos las hacen para ser vistas por los hombres. Ellos ensanchan su tefilín y amplían los tzitzit de sus prendas.*" Esta declaración pareciera ser bastante extraña para cualquier persona no familiarizada con los mandamientos relativos al tefilín y al tzitzit.

Los tefilín son usados para cumplir con los mandamientos que se encuentran en Shemot 13: 9;

Debarim 6: 8, así como Debarim 11:18 que proporcionan la dirección en relación con las instrucciones para "atarlas por señal en tu mano, y estarán como frontales entre tus ojos." Los fariseos, en lugar de usar tefilín modestos llevaban tefilín grandes para impresionar a los hombres.

Asimismo, los tzit tzit (ציצית), a menudo llamados franjas o flecos, son ordenados en la Torá en dos casos separados. En Debarim 22:12 YHWH ordena: *"Hacer tzitzit en las cuatro esquinas de la prenda con que te cubras."* Según Bemidbar (Números) 15: 37-41: *"[37] YHWH le habló a Mosheh, diciendo: [38] Habla a los hijos de Yisrael, y diles que se hagan tzitziyot en los bordes de sus vestidos, por sus generaciones; y pongan en cada tzitzit de los bordes un cordón de azul. [39] Y os servirá de tzitzit, para que cuando lo veáis os acordéis de todos los mandamientos de YHWH, para ponerlos por obra; y no miréis en pos de vuestro corazón y de vuestros ojos, en pos de los cuales os prostituyáis. [40] Para que os acordéis, y hagáis todos mis mandamientos, y seáis santos a vuestro Elohim. [41] Yo YHWH vuestro Elohim, que os saqué de la tierra de Mistrayim (Egipto), para ser vuestro Elohim. Yo YHWH vuestro Elohim."*

Los fariseos llevaban tzitzit extra largos que aparentemente estaban destinados a impresionar a los hombres y demostrar su piedad. Sus corazones no eran rectos y sus intenciones estaban fuera de lugar. El punto aquí es que Yahushua no estaba criticando el hecho de que ellos obedecieron la Torá, sino más bien la forma en que ellos obedecían. Claramente Yahushua obedeció los mandamientos y podemos ver un increíble cumplimiento de la profecía a través de su observancia de la Torá.

Una profecía en el Tanak habla del Mesías como sigue: *"El Sol de justicia se levantará con sanidad en sus alas."* Malaquías 4: 2 NVI. Estas "alas" son kanaph (כָּנָף) en hebreo y se refieren a la orilla de una prenda de vestir, que es el tzitzit. Leemos en el evangelio según Lucas: *"^{43} Pero una mujer que padecía de flujo de sangre desde hacía doce años, y que había gastado en médicos todo cuanto tenía, y por ninguno había podido ser curada, ^{44} se le acercó por detrás y tocó el borde de su manto; y al instante se detuvo el flujo de su sangre."* Lucas 8:43-44 RVR1960. La palabra griega que se usa para describir un borde es "kraspedon" (κράσπεδον), que significa: "flecos o franjas." En otras palabras, ella agarró su tzitzit que llevaba en obediencia a la Torá. Él vino con sanidad en su tzitzit tal como fue predicho por el profeta Malaquías.

También, en Mattityahu 14: 35-36 leemos: "*^{35} Cuando le conocieron los hombres de aquel lugar (Gennesar), enviaron noticia por toda aquella tierra alrededor, y trajeron a él todos los enfermos; ^{36} y le rogaban que les dejase tocar solamente el tzitzit de su manto; y todos los que lo tocaron, quedaron sanos.*"

Vemos en estos pasajes no sólo un hermoso cumplimiento de la profecía, sino que también un ejemplo de la observancia de la Torá de Yahushua que ha sido oscurecida debido a las inconsistencias de traducción y la ignorancia por parte de los traductores. Al agarrar el tztzit - que representan los mandamientos, los términos del pacto - al pueblo se le mostró que la sanidad y las bendiciones vienen a través de la Torá, que es lo que el Mesías vino a enseñar y cumplir.

6

El Mesías enseña la Torá

Una exanimación detallada de las Escrituras revela muchas similitudes sorprendentes entre Yahushua y Mosheh[43] y esto no debería ser de ninguna sorpresa, ya que Mosheh proporcionó una de las descripciones más vívidas del Mesías en el libro o más bien en el Sefer Debarim.[44]

"[15] *profeta de en medio de ti, de tus hermanos, como yo, te levantará YHWH tu Elohim; a él oiréis;* [16] *conforme a todo lo que pediste a YHWH tu Elohim en Horeb el día de la asamblea, diciendo: No vuelva yo a oír la voz de YHWH mi Elohim, ni vea yo más este gran fuego, para que no muera.* [17] *Y YHWH me dijo: Han hablado bien en lo que han dicho.* [18] *profeta les levantaré de en medio de sus hermanos, como tú; y pondré mis palabras en su boca, y él les hablará todo lo que yo le mandare.* [19] *Mas a cualquiera que no oyere mis palabras que él hablare en mi nombre, yo le pediré cuenta."* Debarim 18: 15-19.

Aquellos anticipándose al Mesías estarían por lo tanto buscando a alguien "como Mosheh" - alguien que hable en el nombre de YHWH y siga Sus mandamientos. Uno de los papeles más importantes de Mosheh fue el hecho de que Él fue el mediador del pacto entre YHWH e Yisrael. Ese pacto fue una continuación del pacto previamente hecho con Abraham. Fue un pacto[45] matrimonial entre YHWH e Yisrael y a causa de que Yisrael la novia pecó y rompió el pacto, este tenía que ser renovado. El Mesías no vino a acabar con el antiguo pacto y a mediar un nuevo pacto con la novia - Yisrael, más bien Él vino a restaurar y a mediar el pacto renovado[46] profetizado por el profeta Yirmeyahu (Jeremías).[47]

Recuerde que YHWH sólo pronunció los diez mandamientos a Yisrael. La gente no podía escuchar la voz de YHWH y pidió que Mosheh se reuniera con YHWH y refiriera sus palabras. Por lo tanto, aunque la Torá era de YHWH, vino a través de Moisés. Lo mismo sucede con Yahushua, el Verbo hecho carne, la palabra de YHWH vino a través de Él.

Él era como Mosheh en que Él instruyó al pueblo respecto a la Torá con autoridad - Él era "El profeta" predicho por Mosheh. Subió a la montaña y enseñó la Torá al pueblo al igual que lo hizo Mosheh, aunque a menudo Él es visto como alguien que se opone o contradice a Mosheh. La creencia general es que Mosheh enseñó "ojo por ojo" y Yahushua enseñó a "poner la otra mejilla" - Moshe enseñó "odia a tu enemigo," mientras que Yahushua enseñó "ama a tu enemigo." Pronto veremos que estas aparentes contradicciones no son contradicciones en lo absoluto. Debe entenderse claramente que Yahushua no tenía ambigüedades sobre el hecho de que Él y Mosheh estuvieran de acuerdo. Él específicamente declaró: *"[46] Porque si creyeseis a Mosheh, me creeríais a mí, porque de mí escribió él. [47] Pero si no creéis a sus escritos, ¿cómo creeréis a mis palabras?"* Yahanan 5: 46-47.

Hemos discutido el hecho de que los fariseos estaban afirmando su autoridad para interpretar la Torá de Mosheh, y Yahushua desafió directamente esa autoridad. Él también afirmó claramente que Él no intentó de ninguna manera destruir la Torá, y que hasta que el cielo y la tierra pasen, ni la parte más pequeña de la Torá pasará. También hemos visto que Él le enseñó a la gente a hacer lo que Mosheh les dijo que hicieran, a no seguir a los fariseos cuando se desviaban de la Torá. Con ese entendimiento ahora podemos ver correctamente las enseñanzas del Mesías.

Las Escrituras mesiánicas son en gran parte un comentario sobre la Torá y el Tanak. No hay manera de discutir todas las enseñanzas de Yahushua a la luz de la Torá, basta con decir que todas sus enseñanzas eran acerca de la Torá.

Algunas personas creen que Yahushua cambió los mandamientos o los redujo a sólo dos. Utilizan el siguiente pasaje para apoyar su posición. *"³⁴ Entonces los fariseos, oyendo que había hecho callar a los saduceos, se juntaron a una. ³⁵ Y uno de ellos, intérprete de la Torá, preguntó por tentarle, diciendo: ³⁶ Maestro, ¿cuál es el gran mandamiento en la Torá? ³⁷ Yahushua le dijo: Amarás a YHWH tu Elohim con todo tu corazón, y con toda tu alma, y con toda tu mente. ³⁸ Este es el primero y grande mandamiento. ³⁹ Y el segundo es semejante: Amarás a tu prójimo como a ti mismo. ⁴⁰ De estos dos mandamientos depende toda la Torá y los profetas."* Mattityahu 22:34-40.

Lo que la mayoría de los cristianos no se dan cuenta es que esto es la Torá enseñada por el Verbo hecho carne. Puesto que los cristianos no necesariamente creen que la Torá aplica a ellos, a menudo pierden el hecho de que Yahushua citó "El Shema,"[48] que es sin duda la oración y la Escritura más importante para el pueblo de Yisrael - *" ⁴ Oye, Yisrael: YHWH nuestro Elohim, YHWH uno es. ⁵ Y amarás a YHWH tu Elohim de todo tu corazón, y de toda tu alma, y con todas tus fuerzas."* Debarim. 6:4-5 RVR1960.

También citó Vayiqra 19:18: *" No te vengarás, ni guardarás rencor a los hijos de tu pueblo, sino amarás a tu prójimo como a ti mismo. Yo YHWH."* Como podemos ver claramente - Él estaba enseñando en base a la Torá. Él no dijo que estos eran los únicos mandamientos y que Él estaba aboliendo el resto - simplemente reveló que el amor estaba en el corazón mismo de la Torá y nos mostró la prioridad de nuestro amor y las relaciones.

Yahushua reveló cómo los fariseos confundían las cosas mediante la imposición de sus tradiciones y costumbres que se convirtieron en una carga más que una alegría. Ellos trataban de alcanzar la justicia a través de sus costumbres, tradiciones y leyes hechas por el hombre, y al hacerlo así perdían de vista la Torá pura. Yahushua estaba distinguiendo entre las tradiciones y las leyes de los fariseos (takanot y ma'asim) y las instrucciones no adulteradas de YWHW que se encuentran en la Torá.

Y otros citan pasajes como Mattityahu 5:38-45 para demostrar que Yahushua cambió la Torá. Esa porción dice lo siguiente: *"^{38} Oísteis que fue dicho: Ojo por ojo, y diente por diente. ^{39} Pero yo os digo: No resistáis al que es malo; antes, a cualquiera que te hiera en la mejilla derecha, vuélvele también la otra; ^{40} y al que quiera ponerte a pleito y quitarte la túnica, déjale también la capa; ^{41} y a cualquiera que te obligue a llevar carga por una milla, ve con él dos. ^{42} Al que te pida, dale; y al que quiera tomar de ti prestado, no se lo rehúses. ^{43} Oísteis que fue dicho: Amarás a tu prójimo, y aborrecerás a tu enemigo. ^{44} Pero yo os digo: Amad a vuestros enemigos, bendecid a los que os maldicen, haced bien a los que os aborrecen, y orad por los que os ultrajan y os persiguen; ^{45} para que seáis hijos de vuestro Padre que está en los cielos, que hace salir su sol sobre malos y buenos, y que hace llover sobre justos e injustos."* Mattityahu 5:38-45.

Este es un pasaje muy mal entendido, ya que usted debe conocer y apreciar la Torá para comprender la enseñanza. En primer lugar, cuando Yahushua se refiere a "ojo por ojo y diente por diente" Él hace referencia específicamente a la Torá, en particular, a Shemot 21:20-27, que se refiere al trato de las personas que se consideraban propiedad de otros.

La alusión que Yahushua está haciendo tiene con ver con el maltrato de un siervo[49] que se detalla en Shemot 21:1-11. Él le está diciendo a sus discípulos que si ellos pertenecen a YHWH, entonces ellos van a buscarlo a Él por su justicia y que ellos no necesitan perseguir la justicia de un hombre libre que busca retribución o compensación. Si somos siervos entonces buscamos a nuestro Amo por justicia.[50] Yahushua no estaba cambiando la Torá, más bien Él estaba enseñando algo que siempre estuvo en la Torá. Simplemente estaba explicando con detalles acerca del corazón de la Torá e instruyendo a sus discípulos a ir más allá de la letra de la Torá.

Como un hombre inocente y sin mancha, Él no merecía ser juzgado y maltratado por los hombres - y mucho menos ser muerto. Él tenía derecho a buscar justicia para sí mismo, pero Él vino como un siervo (Yeshayahu 42) y en esa capacidad Él no buscó su propia voluntad, sino la de su amo.

Con ese entendimiento luego leemos que Yahushua hace una declaración bastante peculiar: *"Oísteis que fue dicho: Amarás a tu prójimo, y aborrecerás a tu enemigo."* El problema con este pasaje es que la Torá nunca instruyó a nadie a odiar a su enemigo. Esto plantea la pregunta: ¿Citó mal Yahushua la Torá? Eso no es posible, ya que Él era la Torá en la carne. Mientras que esta no era una cita directa de la Torá, fue una enseñanza común de la secta de los esenios.[51] La Torá siempre enseñó que un individuo debía mostrar amabilidad a un enemigo cuando se presentara la oportunidad (Shemot 23: 4-5) y Yahushua le enseñó a Sus discípulos, como siervos, que tenían que amar a sus enemigos y dejar que su Amo se encargara del resto.

Está claro entonces que Yahushua nunca cambió, añadió o quitó de la Torá - Él siempre estuvo explicando y revelando la profundidad de la Torá - el corazón de la Torá o como Él lo describe - *"lo más importante de la Torá."* Muchas veces los líderes religiosos quedaban tan atrapados en las minucias que se olvidaban de lo que realmente era importante. Esto es evidente a este día cuando usted camina por las calles de Jerusalén y ve todas las personas religiosas llevando sus pertrechos y atendiendo a todos sus detalles, mientras que al mismo tiempo corren a través de las multitudes, siendo groseros unos a otros, sin una onza de alegría y sin amor emanando de su ser. Ahora bien, esto no quiere decir que todos son así, pero es una observación bastante común para dar pausa de preocupación.

Yahushua demostró acertadamente este punto a los fariseos en un relato en Mattityahu 23:23 de la siguiente manera: "¡Ay de vosotros, escribas y fariseos, hipócritas! porque diezmáis la menta y el eneldo y el comino, y dejáis lo más importante de la Torá: la justicia, la misericordia y la fe. Esto era necesario hacer, sin dejar de hacer aquello."

Para entender correctamente esta declaración es importante entender el diezmo. El cristianismo normalmente reconoce el diezmo como un mandamiento a pesar de que está en la Torá. Esto resulta ser una evidente contradicción en su teología. Para efectos de esta discusión vamos a ver uno de los pasajes principales de la Torá concerniente al diezmo que se encuentra en el Sefer Debarim. *"[22] **Indefectiblemente diezmarás todo el producto del grano que rindiere tu campo cada año**. [23] Y comerás delante de YHWH tu Elohim en el lugar que él escogiere para poner allí su nombre, **el diezmo de tu grano, de tu vino y de tu aceite, y las primicias de tus manadas y de tus ganados**, para que aprendas a temer a YHWH tu Elohim todos los días."* Debarim 14:22-23.

El diezmo giraba en torno a los tiempos señalados escriturales descritos en Vayiqra 23 que están íntimamente conectados con las principales cosechas en la tierra. El objetivo era que después de la cosecha, el pueblo traía sus ofrendas hasta el lugar donde YHWH designó y disfrutaba de una celebración. Durante mucho tiempo estuvo localizado en Silo, y más tarde, bajo el reinado del rey Dawid, se trasladó a Yahrushalayim. Cuando Yisrael obedecía, esto era una demostración de la perfecta armonía prevista entre el Creador y toda Su creación - la humanidad, el fruto de la tierra y los animales.

El diezmo fue en aumento y las Escrituras se refieren a las primicias de grano, uvas, aceitunas y rebaños. No se hace mención de las hierbas o la necesidad de dar el diezmo de las hierbas aunque si usted lo desea, es libre de dar el diezmo de ellas. De hecho, si usted siembra algunas hierbas en su pequeño jardín de hierbas en su casa y luego cosecha las hierbas, es una gran cosa honrar a YHWH y darle los primeros frutos.

El punto que Yahushua estaba haciendo era que ellos hacían cosas que no estaban siquiera específicamente establecidas en la Torá - sin embargo, al mismo tiempo - ellos pasaban por alto las cosas más importantes que se suponía debían aprender: la justicia, la misericordia y la fe. En un pasaje similar, en Lucas 11:42 se refiere a "la justicia y el amor de Elohim." Estas son las lecciones importantes que se supone que deberíamos estar aprendiendo a través de la Torá y estas son las cosas que Yahushua vino a enseñarnos.

Con ese entendimiento ahora podemos entender otras enseñanzas y ver cómo es que Yahushua nos estaba mostrando la profundidad de los mandamientos. *"^{21} Oísteis que fue dicho a los antiguos: No matarás; y cualquiera que matare será culpable de juicio. ^{22} Pero yo os digo que* *cualquiera que se enoje contra su hermano, será culpable de juicio; y cualquiera que diga: Necio, a su hermano, será culpable ante el concilio; y cualquiera que le diga: Fatuo, quedará expuesto al infierno de fuego."* Mattityahu 5:21-22. Espere un minuto - Él nos está diciendo que obedezcamos no sólo la letra de la Torá, sino el Espíritu de la Torá. En otras palabras, Él se refiere a los asuntos del corazón, y no sólo actos exteriores y apariencias.

Él enseñó de una manera similar en relación con otro mandamiento. *"^{27}Oísteis que fue dicho: No cometerás adulterio. ^{28} Pero yo os digo que cualquiera que mira a una mujer para codiciarla, ya adulteró con ella en su corazón."* Mattityahu 5: 27-28 RVR1960. ¡Ahí va otra vez! Él está esperando más que lo que la Torá escrita requiere - Él está hablando de nuestros corazones. Por supuesto, esto es lo que Mosheh instruyó (Debarim 10:16; 30: 6) y lo que se profetizó acerca del pacto renovado - que nuestros corazones serían circuncidados. (Ezequiel 36: 22-38; ver también Ezequiel 44: 6-9).

Yahushua estaba distinguiendo entre la obediencia del corazón y la obediencia externa en beneficio de los hombres. Él desea obediencia del corazón, no sólo observancias superficiales. Es por esto que Él le dijo a los fariseos que: *"¡Fariseo ciego! Limpia primero lo de dentro del vaso y del plato, para que también lo de fuera sea limpio."* Mattityahu 23:26. Ellos estaban más preocupados por la obediencia a la "letra de la ley" para demostrar su rectitud externa, por el bien de otros, mientras que Yahushua estaba enseñando que primero tenemos que tener corazones rectos y obedecer internamente por amor a YHWH.

La Torá ha sido descrita como: el camino, la verdad, la luz y la vida (Salmos 119: 142, Proverbios 6:23; Salmos 119: 92). No es casualidad que Yahushua utiliza estas mismas palabras para referirse a sí mismo ya que Él era la encarnación misma de la Torá. Sus enseñanzas fueron siempre coherentes con la Torá escrita y Su vida fue un cumplimiento de la Torá. Como resultado, aquellos que le siguen a Él y se consideran asimismo sus discípulos deben esforzarse por cumplir con la Torá, tanto en sus corazones como a través de sus vidas.

7

Los Discípulos y la Torá

No sólo fue Yahushua observante de la Torá, sino que también lo fueron Sus discípulos. La palabra discípulo significa:
1. a. Aquel que abraza y ayuda en la difusión de las enseñanzas de otro.

b. Un adherente activo, como de un movimiento o filosofía.
2. A menudo un discípulo de los seguidores originales de Jesús.
3. Discípulo: Un miembro de los discípulos de Cristo.[52]

Un discípulo es un "estudiante" o alguien "que se le enseña," y en hebreo es talmidim (תלמידם). Los talmidim de Yahushua no sólo incluía a los doce, sino que había cientos, si no miles, que siguieron sus enseñanzas.

Las Escrituras están llenas de ejemplos de cómo estos discípulos eran observantes de la Torá. Yahushua siempre reverenció la Torá y siempre observó la Torá. Si hay alguien en la historia que entendía las enseñanzas de Yahushua que se referían a la Torá sospecho que serían los discípulos originales que siguieron a Yahushua, observaron la forma en que Él vivió y escucharon sus enseñanzas. Aquellos discípulos continuaron observando la Torá después de su muerte y resurrección.

Los siguientes son algunos ejemplos claros de las

Escrituras mesiánicas concernientes a la observancia del Shabat de los creyentes originales.

*"Y vueltas, prepararon especias aromáticas y ungüentos; **y descansaron en el Shabat, conforme al mandamiento.**"* Lucas 23:56.

"Pasado el Shabat, al amanecer del primer día de la semana, vinieron María Magdalena y la otra María, a ver el sepulcro." Mattityahu 28: 1. Esperaron a ir a la tumba porque estaban descansando, en observancia del Shabat. Debido a que el Shabat terminaba a la puesta del sol y no había luces en las calles, sólo tendría sentido que dos mujeres se hubieran esperado hasta la salida del sol para viajar. Estas eran seguidoras de Yahushua que escuchaban sus enseñanzas y observaban sus caminos. Si ellas estaban observando el Shabat, incluso después de su muerte, cuando desesperadamente querían llegar a la tumba, entonces es claro que ellas entendían que el Shabat era un mandato continuo.

Una interpretación errónea del siguiente pasaje en el libro de los Hechos se utiliza a menudo para apoyar la creencia de que el Shabat fue cambiado al domingo. *"⁷ **El primer día de la semana, reunidos los discípulos para partir el pan, Pablo les enseñaba, habiendo de salir al día siguiente; y alargó el discurso hasta la medianoche.** ⁸ Y había muchas lámparas en el aposento alto donde estaban reunidos."* Hechos 20: 7-8. Este versículo es interpretado por algunos para apoyar el movimiento del Shabat (séptimo día) al Día del Señor (primer día), ya que los discípulos "partieron el pan" en el primer día de la semana.

Para comprender correctamente este pasaje es necesario comprender el cálculo correcto del tiempo, así como la tradición hebraica. Mientras que el sistema del calendario solar moderno considera que la medianoche es el comienzo de un nuevo día, el día **escritural comienza** después de la puesta del sol, por lo general, cuando tres estrellas son visibles en el cielo. De este modo, el nuevo día comienza realmente en la noche.

Tradicionalmente, cuando el Shabat termina a la puesta del sol en el séptimo día (la noche del sábado) muchas personas continúan compartiendo con una comida (es decir, partiendo el pan), porque es entonces permitido cocinar. Aunque la puesta del sol significa el comienzo del primer día de la semana y se puede hacer trabajo - la mayoría de la gente no va a trabajar porque está oscuro. Como resultado, muchas personas continúan compartiendo y parten el pan después del Shabat. El tiempo después del Shabat, cuando el sol se pone se llama Havdalá, que significa "separación."

Algunas personas llevan a cabo una ceremonia especial para conmemorar el paso del Shabat, que es seguido por el compañerismo y una comida. Esta comida, según la tradición judía, se llama el Melaveh Malka y significa "acompañando a la reina." "El participar en esta comida es una manera adicional de despedirse del Shabat. Según la leyenda, la costumbre se originó con el rey David. David le preguntó a Dios cuando iba a morir, y Dios le dijo que sería en un Shabat. A partir de entonces, cuando cada Shabat había terminado, David hacía una fiesta para celebrar su supervivencia. La nación en general se regocijaba con él y adoptaron la práctica de celebrar el Melaveh Malka en la noche del sábado."[53]

Esto es generalmente lo que los discípulos estaban haciendo en el pasaje de los Hechos. Después de que el Shabat había terminado y estaba oscuro, permanecieron juntos para compartir y cenar. Shaul estaría saliendo a la mañana siguiente a primera hora para continuar sus viajes así que él pasó sus últimas horas de vigilia, que era el primer día de la semana, compartiendo y enseñando hasta la medianoche. En este pasaje en particular un gran milagro ocurrió cuando Eutico fue resucitado de entre los muertos después de caer de una ventana del tercer piso. Comprensiblemente, nadie fue a la cama y todos ellos hablaron hasta el amanecer (Hechos 20: 9-12).

Ahora, algunos podrían argumentar que estos discípulos eran Yisraelitas, entonces, por supuesto, ellos observaban la Torá, pero los gentiles conversos no eran diferentes de los Yisraelitas natales. Se esperaba que ellos fueran a la sinagoga en el Shabat y aprendieran la Torá junto con los creyentes hebreos. *"[19] Por lo cual yo juzgo que no se inquiete a los gentiles que se convierten a Elohim, [20] sino que se les escriba que se aparten de las contaminaciones de los ídolos, de fornicación, de ahogado y de sangre.* **[21] Porque Mosheh (la Torá) desde tiempos antiguos tiene en cada ciudad quien lo predique en las sinagogas, donde es leído cada Shabat."** Hechos 15:19-21.

Todas estas Escrituras apoyan el hecho de que los seguidores del Mesías Yahushua observaron el día séptimo, el Shabat, ya sea que fueran Yisraelitas nativos o gentiles conversos. Los gentiles conversos eran motivados específicamente a ir a la asamblea en Shabat para que pudieran escuchar y aprender la Torá. La razón de esto es para que ellos pudieran obedecer la Torá como se esperaba que hiciera toda la asamblea de los creyentes. Algunos teólogos han tratado de explicar esta contradicción evidente en la historia cristiana mediante la creación de una dispensación apostólica, aunque eso no tiene ninguna base en las Escrituras.

Los discípulos y el apóstol Shaul observaron las fiestas bíblicas, como leemos en el libro de los Hechos. (Hechos 18:21; 20:16). Lo hicieron así, no por tomarse su tiempo hasta que la dispensación pasara, sino porque eso es lo que se espera que cada creyente haga. La Torá es nuestra guía y nos muestra el plan de YHWH para nuestras vidas. De hecho, si los discípulos no hubieran sido obedientes a la Torá y no hubieran permanecido en Yahrushalayim para la fiesta de Shavuot, también conocida como pentecostés, se habrían perdido el derramamiento del espíritu.[54]

Ellos observaron las instrucciones dietéticas, participaron en los servicios del templo y promovieron la observancia de la Torá. De hecho, Esteban (Stephanos), el primer mártir registrado en las Escrituras mesiánicas fue <u>falsamente acusado de enseñar en contra de la Torá</u>. *"[12] Y soliviantaron al pueblo, a los ancianos y a los maestros de la Torá; y arremetiendo, arrebataron a Stephanos, y lo trajeron delante del Sanedrín. [13]* <u>*Y pusieron testigos falsos que decían: Este hombre no cesa de hablar palabras blasfemas contra este lugar santo y contra la ley;*</u> *[14] pues le hemos oído decir que ese Yahushua de Nazaret destruirá este lugar, y cambiará las costumbres que nos dio Mosheh."* Hechos 6: 12-14.

Es importante tener en cuenta que <u>las acusaciones eran falsas</u> y los testigos estaban mintiendo. Así Stephanos, descrito como *"un hombre lleno de gracia y el poder de Elohim,"* un hombre que *"hacía grandes prodigios y señales entre el pueblo"* (Hechos 6: 8) **no** habló contra el lugar santo ni contra la Torá. Él demostró una gran sabiduría y fortaleza de espíritu y los hombres malos *"en secreto persuadieron a algunos hombres a decir: 'Hemos oído a Stephanos hablar palabras blasfemas contra Mosheh y contra Elohim."* Hechos 6:11.

Como discípulos, ¿no debemos emular a nuestro Mesías? ¿No nos dijo Yahushua que haríamos cosas aún más grandes que él? (Yahanan 14:12). Según la escritura Él era un Yisraelita observante de la Torá que vivió una vida sin pecado (Ibrim (Hebreos) 4:15) sin mancha ni arruga (1

Pedro 1:19). ¿No deberíamos esforzarnos por seguir su ejemplo?

Justo en este momento, usted pudiera estar diciéndose a sí mismo: "Esto suena como legalismo." De hecho, puede sonar como legalismo dependiendo de su definición de legalismo. Verá que el legalismo no siempre es malo, así como la mayoría de los cristianos creen. Normalmente, cuando un cristiano es confrontado con el tema de la obediencia a los mandamientos de YHWH, ellos replican rápidamente que "eso es legalismo" sin tener la más mínima comprensión de lo que significa legalismo.

Según el Nuevo Diccionario Mundial de Webster, el legalismo es definido como "el cumplimiento estricto de la ley" o el " apego demasiado estricto a la ley." Aplicando esta definición para la observancia de la Torá se puede deducir que hay una forma de legalismo que se aplica a aquellos que diligentemente guardan la Torá y hay otra forma de legalismo que se aplica a los que van más allá de lo que prescribe la Torá.

La Torá establece expresamente: *"^{17} Guardad cuidadosamente los mandamientos de YHWH vuestro Elohim, y sus testimonios y sus estatutos que te ha mandado. ^{18} Y haz lo recto y bueno ante los ojos de YHWH, para que te vaya bien, y entres y poseas la buena tierra que YHWH juró a tus padres; ^{19} para que él arroje a tus enemigos de delante de ti, como YHWH ha dicho."* Debarim 6:17-19. No hay nada de malo con obedecer diligentemente los mandamientos, de hecho, es una conducta requerida. El problema es cuando la gente comienza a añadirle a la Torá y a quitarle a la Torá mediante la creación de sus propias leyes y luego a imponerle esos mandamientos de hombre sobre otros.

Este problema fue una parte muy importante del ministerio de Yahushua que era legalista en el sentido de que Él celosamente guardaba la Torá de YHWH. Él también pasó mucho tiempo señalando el legalismo inapropiado que estaba siendo promulgado por la élite religiosa. Su forma de legalismo era incorrecta ya que añadían a la Torá y eran legalistas hacia sus propias leyes, descuidando los mandamientos de YHWH.

Esto lo vemos en la religión del judaísmo hoy en día. En su intento de construir una cerca alrededor de la Torá,[55] los rabinos han creado sus propias reglas y regulaciones que a menudo contradicen o reemplazan la Torá misma. Han añadido miles de nuevos requisitos que pueden convertirse en una carga considerable que las personas puedan soportar. Aquellos que quieren ser obedientes a menudo se enredan y caen en las reglas de hombre y terminan perdiendo la bendición, la libertad, el descanso y la paz proporcionada por la Torá. No hay nada de malo con el legalismo siempre y cuando signifique mantener y guardar celosamente los mandamientos de YHWH y no los de los hombres.

La palabra "legalismo" no se menciona en ningún texto de las Escrituras - sólo una vez cuando Shaul estaba trazando sus calificaciones usó la palabra "legalista." Lo hizo cuando se estaba dirigiendo a los Filipenses con respecto a "la circuncisión," los que estaban propagando rumores falsos sobre él y su enseñanza, así como la falsa doctrina de la circuncisión como un requisito previo para la salvación. *[2] Guardaos de los perros, guardaos de los malos obreros, guardaos de los mutiladores del cuerpo. [3] Porque nosotros somos la circuncisión, los que en espíritu servimos a Elohim y nos gloriamos en Yahushua el Mesías, no teniendo confianza en la carne. [4] Aunque yo tengo también de qué confiar en la carne. Si alguno piensa que tiene de qué confiar en la carne, yo más: [5] circuncidado al octavo día, del linaje de Yisrael, de la tribu de Benjamín, hebreo de hebreos; en cuanto a la ley, fariseo;* **⁶** *en cuanto a celo, perseguidor de la iglesia;* **en cuanto a la justicia legalista, irreprensible.***"* Filipenses 3: 2-6.

Lo que Shaul está diciendo en este pasaje se explica mejor con una traducción literal "en cuanto a la justicia, en la Torá, intachable." En otras palabras, él guardó la Torá meticulosamente. Shaul entendía que guardar la Torá no proporcionaba la salvación que cada hombre necesita porque todos estamos siendo dañados por el pecado hasta que haya habido expiación por esos pecados. Por lo tanto, él era legalista en su adhesión a la Torá, pero entendió que la justicia legalista no podía salvarlo. Esto puede diferir del paradigma que muchas personas tienen sobre la vida y las enseñanzas de Shaul. Por lo tanto, en el siguiente capítulo se le echa un vistazo más de cerca a esta controvertida figura y a sus enseñanzas mal entendidas con frecuencia.

8
Shaul y la Torá

Tengo la esperanza de que a este punto, el lector pueda ver claramente el valor de la Torá y la necesidad de obedecer los mandamientos. En mi opinión, no hay otra colección de escritos que hayan sido más malentendidos, mal traducidos, malversados o mal interpretados que las cartas de Shaul. La razón de estos problemas generalmente surge de la insuficiencia de las personas para apropiar correctamente las cartas en el lugar que les corresponde dentro de las Escrituras y el contexto histórico.

Para empezar, no se sabe si Shaul escribió todas las cartas atribuidas a él.[56] En segundo lugar, fueron simplemente cartas escritas a varias asambleas de creyentes a menudo señalando temas muy específicos, y a veces muy prácticos. Ellas no estaban destinadas a ser declaraciones teológicas generales que cambiaran la Torá. De hecho, si en algún momento esas cartas de alguna manera contradicen la Torá, o las enseñanzas del Mesías, entonces deben ser desechadas o la traducción debe ser reexaminada. Yo no creo que, cuando se traduce correctamente, los escritos de Shaul contradicen la Torá o al Mesías, pero lamentablemente hay algunos que lo hacen. Si usted cae en esa categoría y ha elegido suscribirse a los escritos de un hombre por encima de los mandamientos de Elohim, entonces su fe está seriamente fuera de lugar.

Debido a que ya hemos establecido que Yahushua no cambió la Torá, si usted piensa que Shaul cambió la

Torá entonces él era un falso profeta - así de simple. Si usted cree que Shaul tenía la autoridad para cambiar la Torá cuando el Mesías mismo no la tenía - entonces usted necesita tomar una decisión como el otro Yahushua (Josué) declaró: *"¹⁴ Ahora, pues, temed a YHWH, y servidle con integridad y en verdad; y quitad de entre vosotros los dioses a los cuales sirvieron vuestros padres al otro lado del río, y en Egipto (Mitsrayim); y servid a YHWH. ¹⁵ Y si mal os parece servir a YHWH, <u>escogeos hoy a quién sirváis</u>; si a los dioses a quienes sirvieron vuestros padres, cuando estuvieron al otro lado del río, o a los dioses de los amorreos en cuya tierra habitáis; pero yo y mi casa serviremos a YHWH."* Yahushua (Josué) 24: 14-15.

Si usted decide no guardar la Torá debido a algo que usted lea de Shaul - entonces usted ha hecho su elección. Usted ha optado por seguir las interpretaciones de un hombre, no la Torá de YHWH. Usted ha elegido servir a " *los dioses a quienes sirvieron vuestros padres*" y vivir una vida de pecado e iniquidad - que es el resultado final de desobedecer la Torá (1 Yahanan 3:4). En tal caso, las Escrituras proporcionan una descripción clara de su destino. *"²⁶ Porque si pecáremos voluntariamente después de haber recibido el conocimiento de la verdad, ya no queda más sacrificio por los pecados, ²⁷ sino una horrenda expectación de juicio, y de hervor de fuego que ha de devorar a los adversarios."* Ibrim (Hebreos) 10:26-27.

Nuevamente, no creo que Shaul fuera un falso profeta porque entiendo sus enseñanzas en su propio contexto y no veo ningún conflicto entre sus escritos y la Torá. Lamentablemente, muchas de las falsas doctrinas que se han desarrollado dentro del cristianismo durante los siglos se derivan de la mala interpretación de los escritos de Shaul.

Durante su vida él tuvo algunos detractores principales a los cuales él se refirió como los de "la circuncisión." Este grupo de personas enseñaba que el acto físico de la circuncisión era un requisito previo a la salvación. Shaul enseñaba que la circuncisión del corazón era la circuncisión más importante, y debido a estas enseñanzas él fue malinterpretado como si enseñara en contra de la circuncisión y la Torá.[57]

Las Escrituras son claras que aunque hubo falsos rumores acerca de Shaul, él guardó la Torá y nunca enseñó lo contrario. Un buen ejemplo fue cuando Jacobo (Yaakob)[58] aconsejó a Shaul a pagar por cuatro hermanos, que completaron su voto nazareo. Si Shaul estaba enseñando que la Torá estaba abolida o era innecesaria, no estaría ayudando a otros a cumplir un voto que se encuentra en la Torá (Bemidbar 6:5-21).

He aquí el texto que describe ese evento. *"[17] Cuando llegamos a Yahrushalayim, los hermanos nos recibieron con gozo. [18] Y al día siguiente Shaul entró con nosotros a ver a Yaakob, y se hallaban reunidos todos los ancianos; [19] a los cuales, después de haberles saludado, les contó una por una las cosas que Elohim había hecho entre los gentiles por su ministerio. [20] Cuando ellos lo oyeron, glorificaron a Dios, y le dijeron: <u>Ya ves, hermano, cuántos millares de Yahudim hay que han creído; y todos son celosos por la Torá</u>. [21] Pero se les ha informado en cuanto a ti, que enseñas a todos los Yahudim que están entre los gentiles a apostatar de Mosheh (Torá), diciéndoles que no circunciden a sus hijos, ni observen las costumbres. [22] ¿Qué hay, pues? La multitud se reunirá de cierto, porque oirán que has venido. [23] Haz, pues, esto que te decimos: Hay entre nosotros cuatro hombres que tienen obligación de cumplir voto. [24] Tómalos contigo, purifícate con ellos, y paga sus gastos para que se rasuren la cabeza; y <u>todos comprenderán que no hay nada de lo que se les informó</u>*

acerca de ti, sino que tú también andas ordenadamente, guardando la Torá." Hechos 21:17-24.

²⁶ Entonces Shaul tomó consigo a aquellos hombres, y al día siguiente, habiéndose purificado con ellos, entró en el templo, para anunciar el cumplimiento de los días de la purificación, cuando había de presentarse la ofrenda por cada uno de ellos. ²⁷ Pero cuando estaban para cumplirse los siete días, unos Yahudim de Asia, al verle en el templo, alborotaron a toda la multitud y le echaron mano, ²⁸ dando voces: ¡Varones Yisraelitas, ayudad! Este es el hombre que por todas partes enseña a todos contra el pueblo, la Torá y este lugar; y además de esto, ha metido a griegos en el templo, y ha profanado este santo lugar. ²⁹ (Porque antes habían visto con él en la ciudad a Trófimo, de Efeso, a quien pensaban que Shaul había metido en el templo.)" Hechos 21:26-29.

Curiosamente, la finalización del voto nazareo implicaba sacrificios, un concepto que va completamente en contra de la doctrina cristiana común, que el sistema de sacrificios fue abolido. La conducta de Shaul pretendía específicamente hacer una afirmación pública de que él apoyaba el sistema del templo y toda la Torá para ese asunto. Shaul observaba la Torá y asistió a otros en la observación de la Torá. Las acusaciones que se hacen contra él eran falsas y él continúa defendiéndose a sí mismo en el resto de la historia. La razón por la que él estaba en el templo era para hacer una declaración de que él no estaba enseñando en contra de la Torá. Esto parece que detendría todo el argumento de que Shaul enseñaba que los gentiles no tenían que obedecer la Torá, pero lamentablemente la gente continuaba interpretando sus cartas como si enseñara lo opuesto.

Otra parte interesante de este pasaje es el hecho de que Shaul se somete a la autoridad de Yaakob y los ancianos de la asamblea en Yahrushalayim.[59] Él no era un rebelde cambiando la fe o comenzando una nueva religión. Él fue llamado a los gentiles, pero reportaba a Yahrushalayim y estaba en acuerdo con los hermanos en Yahrushalayim. Shaul obedecía la Torá y siempre motivaba a otros a obedecer la Torá. Describió la Torá en la carta a los Romanos como santa, justa, buena y espiritual.

También declaró que: *"[16] Toda la Escritura es inspirada por Elohim, y útil para enseñar, para redargüir, para corregir, para instruir en justicia, [17] a fin de que el hombre de Elohim sea perfecto, enteramente preparado para toda buena obra."* 2 Timoteo 3: 16-17. Por supuesto, las únicas Escrituras de las que él podría haber estado hablando eran la Torá, los profetas y los Escritos (Tanak) - todavía no existían las Escrituras del "Nuevo Testamento."

En cuanto a sí mismo y la Torá, él afirmó lo siguiente: *"Pero esto te confieso, que según el Camino que ellos llaman herejía, así sirvo al Elohim de mis padres,* **creyendo todas las cosas que en la Torá y en los profetas están escritas**". Hechos 24:14. "Ni contra la Torá de los Yahudim, ni contra el templo, ni contra César he pecado en nada." Hechos 25:8. "Me deleito en la Torá de Elohim. . ." Romanos 7:22.

En este punto vale la pena reiterar que Shaul escribió acerca de su herencia de la observancia de la Torá describiéndose a sí mismo como un *"hebreo de hebreos, en cuanto a la Torá, fariseo. . . en cuanto a la justicia que es en la Torá, irreprensible."* Filipenses 3:5-6. En otras palabras, él era un hebreo observante de la Torá, ultraconservador, altamente capacitado, de la secta de los fariseos y orgulloso de ese hecho. Nunca, nada en su vida, en su ministerio, en sus declaraciones o enseñanzas cambiaron ese hecho. Amaba a su Mesías y él vivió y enseñó la Torá de su Mesías.

9

Las Enseñanzas de Shaul

Como se dijo anteriormente, muchas de las enseñanzas de Shaul se utilizan para apoyar una variedad de doctrinas que contradicen la Torá e incluso las enseñanzas de Yahushua. Es por esta razón que algunos miran a Shaul como el fundador de una nueva religión llamada cristianismo. El Mesías no vino a comenzar una nueva religión, más bien Él vino a encaminar a su pueblo y para mediar el pacto renovado. Del mismo modo, Shaul no tenía ninguna intención de formar una nueva religión. Pasó su tiempo tratando de explicar la obra del Mesías, a menudo a un pueblo que no tenía experiencia verdadera o formación en la Torá. Shaul era un estudioso brillante de la Torá, y es necesario tener una comprensión de la Torá para comprender plenamente sus enseñanzas.

Esta es la razón por la que Kepha advirtió específicamente en relación a los escritos de Shaul: *"[15] Y tened entendido que la paciencia de nuestro Maestro es para salvación; como también nuestro amado hermano Shaul, según la sabiduría que le ha sido dada, os ha escrito, [16] casi en todas sus epístolas, hablando en ellas de estas cosas; entre las cuales hay algunas difíciles de entender, las cuales los indoctos e inconstantes tuercen, como también las otras Escrituras, para su propia perdición."* 2 Kepha. 3:15-16.

Esto es exactamente lo que ha sucedido durante los siglos. La gente ha torcido las epístolas, así como el resto de las Escrituras para satisfacer su propio fin - lo hacen para su propia perdición. Gran parte del tiempo esto se hace porque ellos no entienden el significado de la Torá ni entienden el contexto de los escritos de Shaul. Tristemente, también enseñan sus mentiras a los incautos e indoctos que a menudo las aceptan por ignorancia. Sin una comprensión fundamental de la Torá y de la obra del Mesías, esto es bastante fácil de hacer. No es posible examinar completamente todos los escritos de Shaul - el tema es demasiado amplio. Lo que podemos hacer es echar un vistazo a algunos ejemplos específicos de sus enseñanzas y ver cómo se han torcido - según lo descrito por Kepha.

Antes de que sus ojos se abrieran al mesianismo de Yahushua, Shaul fue potencialmente destinado a convertirse en el jefe del Sanedrín - el Tribunal Supremo de Yisrael. En el camino a Damasco, las Escrituras proporcionan una poderosa reunión entre Yahushua y Shaul.[60] Él no se convirtió al cristianismo durante este encuentro como muchos enseñan - más bien fue confrontado por el Mesías y, mientras que fue "cegado por la luz," sus ojos se abrieron en relación al hecho de que Yahushua era el Mesías. Se cree entonces por muchos, que él se fue al Monte Sinaí en Arabia donde su doctrina fue corregida. El mismo lugar donde Mosheh y Elías (Eliyahu) [61] se reunieron con YHWH es probablemente el lugar donde Shaul se reunió con YHWH.[62] Después de esta experiencia él comprendió que la Torá tenía la intención de llevar a los hombres al Mesías, y no al revés. Un hombre que conocía la Torá mejor que cualquiera estaba en una misión para revelar el Mesías a los gentiles,[63] personas que tenían poco o ningún conocimiento de la Torá.

Curiosamente, una de las herramientas principales que Shaul utilizó para probar que Yahushua era el Mesías fue la Torá y los profetas. *"Y habiéndole señalado un día, vinieron a él muchos a la posada, a los cuales les declaraba y les testificaba el reino de Elohim <u>desde la mañana hasta la tarde, persuadiéndoles acerca de Yahushua, tanto por la Torá de Mosheh como por los profetas.</u>"* Hechos 28:23. De hecho, la mayoría de sus escritos podrían fácilmente clasificarse como comentarios de la Torá. Desde luego, no se consideraban parte de las Escrituras cuando los escribió y no había evangelios a donde referir a la gente. De hecho, las únicas Escrituras que existían estaban en el Tanak.

Muchas de las cartas de Shaul a varias asambleas de los creyentes en toda la región mediterránea han sido "canonizadas"[64] y por lo tanto tratadas como Escrituras. Estos escritos se utilizan a menudo para apoyar el argumento de que la Torá ha sido eliminada o no aplica a los cristianos. A Shaul se le acredita con muchos dichos que la gente repite como lora en un esfuerzo por justificar su rechazo a la Torá. Una de las principales réplicas que un cristiano proporcionará cuando se enfrenta con el asunto de la Torá será sin duda que la Torá fue "clavada en la cruz."

Este concepto se deriva de Colosenses 2:14 que dice lo siguiente: "*[14] anulando el acta de los decretos que había contra nosotros, que nos era contraria, quitándola de en medio y clavándola en la cruz (estaca).*"[65] En esta carta en particular, Shaul dio una descripción maravillosamente concisa de cómo somos salvos y muestra el significado espiritual y el significado de la Torá. Para efectos de esta discusión, estamos interesados en la frase *"el acta de los decretos que había contra nosotros."*

La Biblia Amplificada elabora un poco más sobre este texto. *"Habiendo cancelado y borrado y limpiado el acta de la nota (fianza), con sus decretos legales y demandas que estaba en vigor y se levantaba en contra de nosotros (de manera hostil hacia nosotros). Esta [nota con sus reglamentos, decretos, y demandas] él la dejó a un lado y la eliminó completamente de nuestro camino clavándola a la [Su] cruz."* Colosenses 2:14 AMP.

Otra versión nos da un aspecto aún más vivo en el significado de este pasaje. *"Habiendo cancelado el documento de deuda (el registro de todos los pecados que cometimos) que consistía en decretos contra nosotros y que nos era adverso, y lo ha quitado de en medio, clavándolo en la cruz."* Colosenses 2:14 LBLA.

Cuando miramos en el griego vemos que Shaul estaba hablando de perdonar nuestros pecados clavándolos en la estaca. Todos hemos pecado y ese pecado requiere un pago - nuestro pecado se convierte en una deuda o vínculo legal, que debe ser pagado. Yahushua pagó esa deuda en la estaca y Él clavó nuestra lista de pecados en la estaca, borrándolos de este modo.

Este es un buen ejemplo de por qué es importante entender las Escrituras en su contexto apropiado. En los días de Yahushua, cuando un delincuente era ejecutado en una estaca, era una práctica común clavar una lista de sus crímenes en la estaca, como se hizo con Yahushua. (Ver Mattityahu 27:37).

La noción de que Shaul se estaba refiriendo a la Torá no tiene ninguna base en las Escrituras. Por otro lado, la traducción que nuestros pecados fueron borrados y clavados en la estaca es completamente consistente con las Escrituras y la cultura de los días de Yahushua.

Este es el mismo concepto al que David (Dawid)[66] se refería cuando oró: *"Esconde tu rostro de mis pecados, Y borra todas mis maldades."* Tehilim 51: 9 RVR1960. Es también exactamente a lo que el profeta Yirmeyahu (Jeremías)[67] se refería cuando oró al Todopoderoso respecto a sus acusadores. *"Pero tú, oh YHWH, conoces todo su consejo contra mí para muerte; no perdones su maldad, ni borres su pecado de delante de tu rostro."* Yirmeyahu 18:23. Ambos se refieren a pecados (delitos) y a borrar esa iniquidad (pecado). Necesitamos que nuestros pecados sean borrados para que vivamos. Así que, no fue la Torá la que fue clavada en la cruz, sino más bien la lista de nuestras transgresiones contra la Torá que nos obligaría a ser castigados.

Si usted logra pasar más allá del tema "clavado en la cruz" con un cristiano que no sigue la Torá es probable que se encuentre con el argumento de que ya no estamos "bajo la ley." Esta idea proviene de una serie de diferentes citas de escritos de Shaul. En Romanos 6:14-15 leemos: *" [14] Porque el pecado no se enseñoreará de vosotros; pues no estáis bajo la ley, sino bajo la gracia. [15] ¿Qué, pues? ¿Pecaremos, porque no estamos bajo la ley, sino bajo la gracia? En ninguna manera."*

Algunos interpretan este pasaje en el sentido de que no estamos sujetos a la Torá, sino que sólo a la gracia. Si esto fuera cierto iría completamente en contra de todo el Tanak, así como de las enseñanzas del Mesías y sus discípulos. Lo que Shaul está diciendo aquí es realmente muy simple. Dado que la definición del pecado es una violación de la Torá, estar bajo la Torá no puede ser lo mismo que ser obedientes a la Torá.

Si usted es un creyente que ha sido salvo por la gracia entonces usted está cubierto por la sangre expiatoria del Mesías y sus pecados han sido borrados. Si es así, entonces usted no está sujeto al castigo por quebrantar la Torá. Por lo tanto, cuando Shaul se refiere a estar "bajo la Torá" él está hablando de estar en un estado en el que usted está sujeto a los castigos de la Torá.

Si usted ha sido redimido entonces usted no está bajo la Torá en el sentido de estar sujeto a la pena de muerte por quebrantar la Torá, sino bajo la gracia que es un estado de estar redimido por el don gratuito dado por el Mesías. Como para asegurarse de que no hay ninguna duda sobre este punto, Shaul afirma en Romanos 3:31: " *¿Luego por la fe invalidamos la Torá? De ninguna manera, sino que confirmamos la Torá.*"

Hay muchas otras citas de Shaul que se toman fuera de contexto y son malversadas para apoyar la idea de que la Torá de alguna manera ha sido abolida o no es aplicable a ciertos grupos de creyentes. No hay duda de que cuando usted lee los escritos de Shaul en su contexto adecuado, usted encontrará que Él apoya la Torá.

10
El Concilio de Jerusalén

Cuando una persona recibe el perdón de YHWH entonces debe aprender y observar la Torá - como hijos obedientes - para que no sigan en iniquidad y por tanto *"pisoteen la sangre del Mesías,"* como se advirtió en Hebreos (Ibrim).[68] Esto estaba claro para los primeros creyentes porque eran Yisraelitas observantes de la Torá que eran "celosos de la Torá." Nunca fue un problema observar la Torá, simplemente lo hacían porque sabían que era lo correcto y nunca estuvo en conflicto con su creencia en el Mesías.

La observancia de la Torá sólo se convirtió en un problema cuando los gentiles comenzaron a creer en el Mesías. Fueron salvos por la fe y recibieron la promesa del Espíritu, aunque algunos estaban siendo incorrectamente instruidos que tenían que ser circuncidados para ser salvos. Gran parte de la controversia abordada por Shaul en sus cartas a los romanos y a los gálatas giró en torno a este tema y fue una de las razones subyacentes por las que escribió sus cartas a las distintas asambleas.[69] El asunto también fue tratado por los líderes de la asamblea en Yahrushalayim, que dio lugar a lo que se conoce comúnmente como "La carta a los Gentiles Conversos." Se cree que el concilio se reunió en el año 49 EC y el asunto se detalla en Hechos 15. He insertado la mayor parte del texto de manera que el lector pueda obtener una imagen completa del problema que se estaba tratando y la solución a la que se llegó.

*"¹Entonces algunos que venían de Judea enseñaban a los hermanos: **Si no os circuncidáis conforme al rito de Mosheh, no podéis ser salvos.** ² Como Shaul y Bernabé tuviesen una discusión y contienda no pequeña con ellos, se dispuso que subiesen Pablo y Bernabé a Yahrushalayim, y algunos otros de ellos, a los apóstoles y a los ancianos, para tratar esta cuestión. ³ Ellos, pues, habiendo sido encaminados por la iglesia, pasaron por Fenicia y Samaria, contando la conversión de los gentiles; y causaban gran gozo a todos los hermanos. ⁴ Y llegados a Yahrushalayim, fueron recibidos por la asamblea y los apóstoles y los ancianos, y refirieron todas las cosas que Elohim había hecho con ellos. ⁵ <u>Pero algunos de la secta de los fariseos, que habían creído, se levantaron diciendo: Es necesario circuncidar a los gentiles, y mandarles que guarden la Torá de Mosheh.</u>"* Hechos 15:1-5

La dinámica de este conflicto es muy interesante. Estos eran representantes de creyentes presentes de diferentes sectas, incluyendo los fariseos - posiblemente algunos de los mismos fariseos que escucharon las enseñanzas y los reproches de Yahushua. La cuestión aquí es la conversión de los gentiles, no en la religión del judaísmo, sino en la comunidad de Yisrael. Los gentiles conversos estaban dejando una vida de paganismo y de iniquidad y estaban entrando en el reino de YHWH.[70] El debate tenía que ver con la circuncisión como un requisito para la salvación (Hechos 15: 1). En otras palabras no se trataba de ver si los gentiles conversos deberían de observar la Torá. Algunos de la secta de los fariseos estaban instruyendo a los nuevos conversos que tenían que ser circuncidados, **a fin de recibir la salvación**. Para aquellos que piensan que esto era una idea ridícula - piense de nuevo.

La Torá mencionaba con frecuencia a los gentiles, y a los gentiles conversos al referirse al extranjero, al forastero, al extraño y al peregrino. YHWH siempre hizo espacio para los gentiles que se incluirían dentro de Yisrael. La noción de que la Torá era sólo para el "judío" es simplemente falsa, porque siempre había gentiles incluidos dentro de la nación de Yisrael. Desde el día en que salieron de Egipto (Mitsrayim)[71] con la "multitud mixta" hasta el día que cruzaron el (Yarden) río Jordán. La Torá siempre fue aplicable a los Yisraelitas y a los extranjeros que creían en YHWH Elohim. *"[33] Cuando el extranjero morare con vosotros en vuestra tierra, no le oprimiréis. [34] <u>Como a un natural de vosotros tendréis al extranjero que more entre vosotros</u>, y lo amarás como a ti mismo; porque extranjeros fuisteis en la tierra de Egipto. Yo YHWH vuestro Elohim."* Vayiqra. 19: 33-34.

La Torá se aplicaba tanto al extranjero como el Yisraelita nativo, siempre y cuando la persona deseara habitar con el pueblo apartado y vivir una vida de obediencia a YHWH. *"Y si morare con vosotros extranjero, y celebrare la pascua a YHWH, conforme al rito de la pascua y conforme a sus leyes la celebrará; <u>un mismo rito tendréis, tanto el extranjero como el natural de la tierra</u>."* Bemidbar 9:14. Los extranjeros también fueron objeto de castigo por desobedecer la Torá, incluso hasta la muerte. (Vayiqra 20: 2).

La creencia común de que la Torá sólo se aplicaba a los Yisraelitas nativos es absolutamente falsa. Cualquiera que quería morar con Yisrael y permanecer con YHWH estaba obligado a obedecer las reglas del campamento que se encontraban en la Torá. Ellos estaban sujetos a los mismos beneficios y castigos - las mismas bendiciones y maldiciones aplicaban a los hijos de Yisrael, ya que se habían convertido parte del pueblo de Yisrael.

Los fariseos y los otros creyentes a los que Shaul se refiere como "la circuncisión" enseñaban que los gentiles necesitaban ser circuncidados, a fin de ser salvos, en gran parte debido al mandamiento de la Torá en relación con la pascua (pesaj)[72], que dice lo siguiente: *"[43] Y YHWH dijo a Mosheh y a Aarón (Aharon):* **Esta es la ordenanza de la pascua; ningún extraño comerá de ella.** *[44] Mas todo siervo humano comprado por dinero comerá de ella, después que lo hubieres circuncidado. [45] El extranjero y el jornalero no comerán de ella. [46] Se comerá en una casa, y no llevarás de aquella carne fuera de ella, ni quebraréis hueso suyo. [47] Toda la congregación de Yisrael lo hará. [48] <u>Mas si algún extranjero morare contigo, y quisiere celebrar la pascua para YHWH, séale circuncidado todo varón, y entonces la celebrará, y será como uno de vuestra nación</u>; pero ningún incircunciso comerá de ella. [49]* **La misma Torá será para el natural, y para el extranjero que habitare entre vosotros.***"* Shemot 12:43-49.

Por lo tanto, aquellos que Shaul llamaba "la circuncisión" creían que si la circuncisión era necesaria en la Torá para participar en el pesaj y ser considerado un nativo de la tierra (es decir Yisraelita nativo), entonces lo mismo debe ser cierto con respecto a los seguidores del Mesías. Ellos creían que los gentiles conversos tenían que formar parte del "Yisrael nativo" antes de que pudieran formar parte del Mesías. Esta enseñanza se debió a la falta de comprensión de que la redención proporcionada por el Mesías era la misma que la redención proporcionada por YHWH a través de Mosheh - sólo que esta vez eran nuestras almas siendo redimidas y no nuestros cuerpos. La redención ofrecida por Yahushua, y el pacto renovado que Él intermedió, involucraba circuncidar nuestros corazones. Con eso en mente, continuemos con el concilio de Yahrushalayim.

"[6] Y se reunieron los apóstoles y los ancianos para conocer de este asunto. [7] Y después de mucha discusión, Kepha se levantó y les dijo: Varones hermanos, vosotros

*sabéis cómo ya hace algún tiempo que Elohim escogió que los gentiles oyesen por mi boca la palabra del evangelio y creyesen. ⁸ Y Elohim, que conoce los corazones, les dio testimonio, dándoles el Espíritu Santo lo mismo que a nosotros; ⁹ <u>y ninguna diferencia hizo entre nosotros y ellos, purificando por la fe sus corazones.</u> ¹⁰ Ahora, pues, ¿por qué tentáis a Elohim, poniendo sobre la cerviz de los discípulos un yugo que ni nuestros padres ni nosotros hemos podido llevar? ¹¹ Antes **creemos que por la gracia del Maestro Yahushua seremos salvos, de igual modo que ellos.*"* Hechos 15:6-11.

Una vez más, la cuestión se trataba de entender si los gentiles necesitaban ser circuncidados en la carne para ser salvos, no si ellos deberían obedecer la Torá. La obediencia a la Torá se suponía. Pero es un hecho indiscutible que todos los líderes en el concilio de Yahrushalayim eran observantes de la Torá. Entonces ¿cuál es este yugo al que Kepha se estaba refiriendo? No es la Torá, sino más bien la cantidad de reglas y tradiciones que los líderes religiosos habían estado colmando sobre los Yisraelitas nativos y conversos durante siglos – ese el mismo yugo del que el Mesías se refería cuando les habló a los que estaban agobiados y cargados. Fue descrito como *"un yugo de esclavitud"* por Shaul. (Gálatas 5:1).

El Shabat es un buen ejemplo del yugo de esclavitud creado por el hombre. La Torá incluye muy pocos mandamientos relacionados con el Shabat, mientras que los hombres religiosos como los fariseos agregaron cientos - si no miles - de reglas hechas por el hombre. Obviamente, esto no resultó en el descanso destinado por YHWH. Lo que YHWH destinó para nuestro beneficio, el hombre lo volvió en esclavitud porque era demasiado difícil conocer todas las normas añadidas, y mucho menos obedecerlas.

YHWH liberó a Yisrael de la esclavitud, así como a la multitud mixta que salió de Mitsrayim con ellos. *"13 Yo YHWH vuestro Elohim, que os saqué de la tierra de Mitsrayim, para que no fueseis sus siervos, y <u>rompí las coyundas de vuestro yugo, y os he hecho andar con el rostro erguido</u>."* Vayiqra. 26:13. Note que YHWH no considera que sus mandamientos sean un yugo de esclavitud. Él sacó a Yisrael de Mitsrayim, rompió el yugo de esclavitud y esperaba que ellos obedecieran la Torá lo cual no implicaba volver a ponerlos en esclavitud.

La Torá es para ambos, hombres y mujeres libres, no para esclavos. De hecho, cuando las Escrituras hablan de un yugo, están dando referencia a la esclavitud o a la opresión causada por el hombre. YHWH es amable con nosotros y levanta el yugo de nuestros cuellos. *"1 Cuando Yisrael era muchacho, yo lo amé, y de Mitsrayim llamé a mi hijo. ² Cuanto más yo los llamaba, tanto más se alejaban de mí; a los baales sacrificaban, y a los ídolos ofrecían sahumerios. ³ Yo con todo eso enseñaba a andar al mismo Efraín, tomándole de los brazos; y no conoció que yo le cuidaba.* **⁴ Con cuerdas humanas los atraje, con cuerdas de amor; y fui para ellos como los que alzan el yugo de sobre su cerviz, y puse delante de ellos la comida."** Oseas (Hoshea) 11:1-4.

YHWH nunca hace referencia a sus instrucciones como un yugo pesado, y mucho menos como una carga. Él describe sus instrucciones como "cuerdas de bondad" y "lazos de amor." En otras palabras, están destinadas a guiarnos en el camino que debemos andar. En ese mismo orden de ideas Yahushua, leyendo del libro de Isaías (Yeshayahu)[73] proclamó: *"18 El Espíritu de YHWH está sobre mí, Por cuanto me ha ungido para dar buenas nuevas a los pobres; Me ha enviado a sanar a los quebrantados de corazón;* **A pregonar libertad a los cautivos**, *Y vista a los ciegos;* **A poner en libertad a los** *oprimidos;* *[19] A predicar el año agradable de YHWH."* Lucas 4:18-19.

Esto lo afirma Shaul en su epístola. **"Estad, pues, firmes en la libertad con que el Mesías nos hizo libres, y no estéis otra vez sujetos al yugo de esclavitud."** Gálatas 5:1. El yugo de esclavitud al que Shaul se refiere no es la Torá. El contexto de este pasaje es tan claro como el agua. Él está hablando acerca de la enseñanza de la circuncisión como un requisito previo para la salvación, que conduce luego a una doctrina de la justificación por obras.[74]

Es importante tomar en cuenta de que la Torá no era considerada una carga sino que fue Él mismo el que habló sobre el *"yugo que es fácil y una carga que es ligera."* Esto fue declarado en las Escrituras mesiánicas: *"[28] Vengan a mí todos ustedes que están cansados y agobiados, y yo les daré descanso. [29] Carguen con mi yugo y aprendan de mí, pues yo soy apacible y humilde de corazón, y encontrarán descanso para su alma. [30] **Porque mi yugo es suave y mi carga es liviana.**"* Mattityahu 11:28-30 NVI. Él también dijo que: *"[31] Si vosotros permanecéis en **Mi palabra**, seréis verdaderamente mis discípulos; [32] y conoceréis la verdad y **la verdad os hará libres**."* Yahanan 8: 31-32 RVR1995. La Torá es su palabra y **la Torá es verdad**. (Tehilim 119: 142; Yahanan 17:17). Por lo tanto la Torá os hará libres.

Mosheh dijo que guardar la Torá no era demasiado difícil. "Porque este mandamiento que yo te ordeno hoy no es demasiado difícil para ti, ni está lejos." Debarim 30:11. *"Porque yo te mando hoy que ames a YHWH tu Elohim, que andes en sus caminos, y guardes sus mandamientos, sus estatutos y sus decretos, **para que vivas y seas multiplicado**, y YHWH tu Elohim te bendiga en la tierra a la cual entras para tomar posesión de ella."* Debarim 30:16. El Discípulo Yahanan también afirma que la Torá no es una carga: *"Pues este es el amor a Elohim, que* *guardemos sus mandamientos; y **sus mandamientos no son gravosos**."* 1 Yahanan 5:3.

Yahushua continuó el propósito y el plan de YHWH, pero en vez de liberar a Yisrael de la esclavitud física, Él los liberó de la esclavitud espiritual. En ningún momento la Torá fue considerada esclavitud. El hombre es el que siempre ha puesto a otros hombres bajo la esclavitud, no YHWH. Nuestro Elohim desea que nosotros lleguemos voluntariamente a ser Sus siervos, Él nunca obliga a nadie a hacer algo en contra de su voluntad. Por lo tanto no es apropiado hablar de Su Torá como una carga o un yugo que esclaviza a un individuo. De hecho, las Escrituras dan testimonio de lo contrario. *"^{44} Guardaré tu ley siempre, Para siempre y eternamente. ^{45} Y andaré en libertad, Porque busqué tus mandamientos."* Tehilim 119: 44-45.

Es un error común en el cristianismo pensar que la Torá ponía a Yisrael bajo esclavitud – a mí me enseñaron esto la mayor parte de mi vida. Lamentablemente, esto es exactamente lo contrario de la verdad y se deriva no sólo de una ignorancia relativa a la sustancia real y el propósito de la Torá, sino también de confundir la Torá con las tradiciones de los hombres.

La Torá es la verdad y la verdad nos hace libres. *"^{31} Dijo entonces Yahushua a los judíos que habían creído en él: Si vosotros permaneciereis en mi palabra, seréis verdaderamente mis discípulos; ^{32} y <u>conoceréis la verdad, y la verdad os hará libres</u>."* Yahanan 8:31-32. Yaakob describe la Torá como *"la perfecta Torá de la libertad."* Yaakob 1:25.

Nuevamente, la Torá fue entregada a hombres libres no a esclavos. Usted tiene que ser libre para obedecer la Torá y si no puede obedecer la Torá, entonces puede ser que usted no sea libre. Existe una distinción muy importante entre la esclavitud física y la esclavitud espiritual. Muchos cristianos no pueden entender este concepto, al igual que algunos de los primeros discípulos no entendían." *³³ Le respondieron: Linaje de Abraham somos, y jamás hemos sido esclavos de nadie. ¿Cómo dices tú: Seréis libres? ³⁴ Yahushua les respondió: De cierto, de cierto os digo, que todo aquel que hace pecado, esclavo es del pecado. ³⁵ Y el esclavo no queda en la casa para siempre; el hijo sí queda para siempre. ³⁶ Así que, si el Hijo os libertare, seréis verdaderamente libres."* Yahanan 8:33-36.

La pregunta entonces es: ¿Usted es libre para poder obedecer? Si usted no está obedeciendo la Torá, usted está viviendo en un estado de iniquidad - que es pecado. Si usted está viviendo en pecado, entonces usted no es libre, ¡sino que más bien es un esclavo del pecado!

Yo vivo en los Estados Unidos de América, que es, por la mayoría de las medidas, el faro de la libertad en todo el mundo. Estados Unidos probablemente se considera la sociedad más libre que jamás haya existido en la historia del mundo. Al mismo tiempo, tenemos más leyes que cualquier otra nación en la historia del mundo. Por lo tanto, ¿es razonable suponer que la existencia de leyes nos pone en la esclavitud? ¡Por supuesto que no! Es el sistema el que pone a la gente en esclavitud, no la ley. Estados Unidos es una república, con una constitución, que provee derechos y privilegios a sus ciudadanos y establece un marco para una sociedad organizada y libre. Las leyes tienen el propósito de dictar una conducta que es aceptable y una conducta que está prohibida. Esto se hace para la protección de los que moran en la sociedad Estadounidense.[75]

Compare esto con las dictaduras militares, socialistas, comunistas y los estados fascistas que proporcionan poco o ningún derecho para sus ciudadanos.

Hay leyes en cada nación y mientras que algunas naciones se consideran libres otras son consideradas opresivas. En el caso de Estados Unidos, es la ley, en particular, la Constitución, la que nos proporciona nuestra libertad.

Lamentablemente, a lo largo de los siglos, los hombres y los grupos de intereses especiales han acumulado leyes adicionales que han despojado muchas de nuestras libertades y han alterado la intención original de la constitución al igual que los hombres, incluyendo a los fariseos que le añadieron y en efecto, alteraron la Torá, que estaba destinada para hombres libres, no esclavos. Es la falta de comprensión de la Torá y su propósito que ha llevado a tal confusión en el cristianismo.

La Torá fue proporcionada por YHWH para Yisrael y posteriormente para toda la humanidad con el fin de guiarlos en el camino de la rectitud. El propósito de la Torá es de enseñarle a toda la humanidad cómo YHWH desea que vivamos. Establece límites para los que siguen a YHWH que están destinados a su protección y bienestar.

Ahora vamos a continuar con la solución al problema que fue resuelto por el concilio de Yahrushalayim. *"[12] Entonces toda la multitud calló, y oyeron a Bernabé y a Shaul, que contaban cuán grandes señales y maravillas había hecho Elohim por medio de ellos entre los gentiles. [13] Y cuando ellos callaron, Yaakob respondió diciendo: Varones hermanos, oídme. [14] Simón ha contado cómo Elohim visitó por primera vez a los gentiles, para tomar de ellos pueblo para su nombre. [15] Y con esto concuerdan las palabras de los profetas, como está escrito: [16] Después de esto volveré Y reedificaré el tabernáculo de David, que está caído; Y repararé sus ruinas, Y lo volveré a levantar, [17] Para que el resto de los hombres busque a YHWH, Y todos los gentiles, sobre los cuales es invocado Mi nombre, [18] Dice YHWH, que hace conocer todo esto desde tiempos antiguos. ¹⁹ Por lo cual yo juzgo que no se inquiete a los gentiles que se convierten a Elohim, ²⁰ sino que se les escriba que se aparten de las contaminaciones de los ídolos, de fornicación, de ahogado y de sangre.* **²¹ Porque Mosheh (Torá) desde tiempos antiguos tiene en cada ciudad quien lo predique en las sinagogas, donde es leído cada Shabat**. *²² Entonces pareció bien a los apóstoles y a los ancianos, con toda la iglesia, elegir de entre ellos varones y enviarlos a Antioquía con Shaul y Bernabé: a Judas que tenía por sobrenombre Barsabás, y a Silas, varones principales entre los hermanos; ²³ y escribir por conducto de ellos: Los apóstoles y los ancianos y los hermanos, a los hermanos de entre los gentiles que están en Antioquía, en Siria y en Cilicia, salud. ²⁴ Por cuanto hemos oído que algunos que han salido de nosotros, a los cuales no dimos orden, os han inquietado con palabras, ²⁵ por lo que nos ha parecido bien, habiendo llegado a un acuerdo, elegir varones y enviarlos a vosotros con nuestros amados Bernabé y Shaul, ²⁶ hombres que han expuesto su vida por el nombre de nuestro Maestro Yahushua el Mesías. ²⁷ Así que enviamos a Judas y a Silas, los cuales también de palabra os harán saber lo mismo. ²⁸ Porque ha parecido bien al Espíritu Apartado, y a nosotros, no imponeros ninguna carga más que estas cosas necesarias: ²⁹ que os abstengáis de lo sacrificado a ídolos, de sangre, de ahogado y de fornicación; de las cuales cosas si os guardareis, bien haréis. Pasadlo bien."* Hechos 15: 12-29.

Por lo tanto, el problema presentado en el concilio de Yahrushalayim era que había algunos que estaban molestando a los gentiles conversos enseñándoles que tenían que ser circuncidados para poder convertirse y recibir la salvación. En esencia, ellos estaban haciendo la circuncisión un requisito previo para la salvación. Esto era un error y la solución era darles a los gentiles conversos lo que parecen ser cuatro necesidades que eran mandatos inmediatos para obedecer como gentiles.

Esto es perfectamente comprensible ya que la mayoría de los gentiles conversos no habrían estado familiarizados con la Torá e inundarlos inmediatamente con toda la Torá podría haber sido abrumador para algunos. Los gentiles eran generalmente considerados "repulsivos" por los Yisraelitas que vivían vidas apartadas para un Elohim santo. Era importante que los gentiles conversos dejaran de vivir como paganos para que pudieran reunirse con sus hermanos Yisraelitas observantes de la Torá. Los ancianos en Yahrushalayim intentaron que esto fuera un punto de partida para los nuevos conversos, pero la "iglesia"[76] cristiana se ha agarrado de este pasaje con el intento de mostrar que *sólo* cuatro mandamientos se aplican a los gentiles conversos.

Es interesante cómo algunos que tratan de justificar la iniquidad (desobediencia a la Torá) utilizan esto como su base, cuando en realidad esto hace exactamente lo contrario. Dicen que Yahushua clavó la Torá a la cruz y que ya no está vigente, pero si Yahushua realmente hubiera clavado la Torá a la cruz y hubiera abolido la Torá entonces los apóstoles ni siquiera hubieran dado estos cuatro mandamientos para que los gentiles obedecieran porque eso hubiera sido "ponerlos bajo la ley," cuando se suponía que debían estar "bajo la gracia."

Así que no hay confusión, estos cuatro requisitos que se indican en la carta a los gentiles son mandamientos que se encuentran dentro de la Torá. No eran mandamientos nuevos creados por los ancianos. Lo que Yaakob hizo fue usar sabiduría – él sabía que los creyentes hebreos habían estado sumergidos en la Torá toda su vida. Los gentiles, por su parte, salieron de las culturas paganas que eran completamente ajenas al estilo de vida recto de la Torá. Ciertamente ellos no eran capaces de asimilar esto de la noche a la mañana por lo que Yaakob les dio algunos conceptos básicos importantes para empezar. Esto se hizo con el entendimiento de que: "*Mosheh desde tiempos antiguos tiene en cada ciudad quien lo predique en las sinagogas (asambleas), donde es leído cada Shabat.*" Hechos 15:21. En otras palabras, llevarlos a la comunidad de los creyentes, darles algunos conceptos básicos esenciales y dirigirlos a la asamblea cada Shabat - no el domingo - donde se lee y se enseña la Torá para que puedan aprender y crecer.

La razón por la que se emitió el decreto específico fue porque tenía que ver con la progresión pagana del templo y esto era una advertencia contra aquellas cosas que sucederían en el típico ritual del templo pagano. Una persona involucrada en la adoración del templo pagano iría al templo y fornicaría, luego, se haría un sacrificio al dios o diosa pagana que a menudo se come junto con su sangre. Todo este proceso era una abominación y estaba en contradicción directa con la adoración prescrita por YHWH. Como resultado, lo primero que los gentiles conversos tenían que hacer era evitar el sistema de adoración pagano. La evidencia de la conversión siempre es un cambio en el estilo de vida y en la carta a los gentiles podemos ver que tenían la intención de sacarlos del sistema de adoración pagana al cual estaban tan acostumbrados y de "limpiarlos" para que pudieran unirse a la asamblea.

Habitualmente, cada asamblea Yisraelita, en cada ciudad, en cada nación sigue el ciclo de la Torá cada año. La Torá se divide en partes para que en el transcurso de un año vayan a través de toda la Torá. Cuando se completa el ciclo, el rollo de la Torá se enrolla de nuevo en Simchot Torá y el ciclo comienza de nuevo. Dado que no había biblias[77] encuadernadas en existencia, y muy pocos rollos de la Torá, la asamblea (sinagoga)[78] era el lugar fuera de Yahrushalayim donde iban a escuchar, leer y estudiar la Torá. La intención era que los gentiles conversos escucharan, leyeran y estudiaran la Torá para fortalecer sus conocimientos y para aumentar su obediencia - no era para limitar a los gentiles a tan sólo cuatro mandamientos.

He oído predicaciones desde los púlpitos que los cristianos sólo necesitan obedecer los cuatro conceptos descritos en Hechos 15. Esto demuestra una grave falta de comprensión del contexto en esta porción de la Escritura y de la historia de lo que estaba ocurriendo dentro de la primera asamblea de los creyentes. Asimismo, no tiene ningún sentido en lo absoluto. ¿Realmente creen que YHWH ha establecido dos clases de creyentes: 1) los primeros creyentes de primera clase con sangre hebrea que obedecen todos los mandamientos y obtienen todas las bendiciones, y 2) los creyentes gentiles de segunda clase, que sólo tienen que obedecer 4 mandamientos y que obviamente se a) pierden de gran parte de las bendiciones que YHWH tiene para su pueblo o b) obtienen todas las bendiciones por obedecer solamente una fracción de la Torá?[79]

Este tipo de pensamiento es un grave error. ¿Significa esto que los cristianos pueden asesinar, robar, codiciar, tomar el nombre de YHWH en vano, etc.? Por supuesto que no, los diez mandamientos (Diez palabras) eran lo suficientemente sencillos que se trataba probablemente de las primeras cosas que se le enseñaba a un gentil converso. No creo que un cristiano diría que no tiene que obedecer los diez mandamientos. Por lo tanto, hay por lo menos catorce mandamientos que un gentil converso debe obedecer lo cual derriba las teorías de que "no estamos bajo la Torá, así que no tenemos que obedecer la Torá," o "la Torá fue clavada en la cruz y fue abolida" o "los gentiles sólo tienen que obedecer cuatro mandamientos" o "Yahushua cumplió la Torá, por lo tanto nosotros ya no tenemos que obedecer la Torá."

Si nos fijamos aún más en las cuatro prohibiciones señaladas en Hechos 15, veremos que en realidad abarcan mucho más que sólo 4 actos prohibidos. En realidad abarcan lo que se conoce comúnmente como "el corazón de la Torá" y se encuentran en Vayiqra 17 a Vayiqra 19.

La primera de las cuatro prohibiciones era la de comida sacrificada a los ídolos o más específicamente - las contaminaciones de los ídolos. Para muchas personas esto parece una prohibición muy extraña porque vivimos en un tiempo en que el paganismo es mucho más encubierto de lo que solía ser. De acuerdo con la Didajé, uno de los primeros escritos cristianos, fue descrito como la "adoración de los dioses muertos."[80]

Hay una buena discusión de este tema en 1 Corintios 8-10 cuando Shaul abordó el tema con los Corintios. Puede ser útil observar algunos comentarios sobre este pasaje que detallan algunas de las prácticas paganas en la cultura de Corinto.

". . . hay que señalar que se trataba de una costumbre entre los paganos hacer fiestas en sus sacrificios, y no sólo comerse ellos mismos, sino que invitar a sus amigos a participar con ellos. Estos por lo general se mantenían en el templo, donde se ofrecía el sacrificio (v. 10), y, si algo quedaba cuando terminaba la fiesta, era habitual llevarse una porción de sus amigos. . . las fiestas. . . siempre han sido registradas, entre las cosas paganas, sagradas y religiosas, por lo que solían sacrificar antes de todas sus fiestas; y se registra una cosa muy profana entre ellas. . . comer en sus mesas privadas cualquier carne de la cual no habían sacrificado primero en tales ocasiones. . . En esta circunstancia de las cosas, mientras que los cristianos vivían entre los idólatras, ellos tenían muchas relaciones y amigos que eran tales, con los que debían relacionarse y mantener la buena vecindad, y por lo tanto tenían la ocasión de comer en sus mesas, ¿qué debían hacer si alguna cosa que había sido sacrificada era servida delante de ellos? ¿Y que harían si eran invitados a la fiesta con ellos en sus templos? Parece como si algunos de los corintios habían absorbido una opinión de que incluso esto podría hacerse, porque sabían que un ídolo no era nada en el mundo, v. 4. El apóstol parece responder más directamente al caso (cap. 10), y aquí discute sobre la suposición de que ellos estuvieran en lo correcto en este pensamiento, en contra de su abuso de su libertad en perjuicio de los demás; pero él claramente condena tal libertad en el cap. 10. El apóstol introduce su discurso con algunas observaciones sobre el conocimiento que parecen llevar en ellos una censura de tales pretensiones de conocimiento como he mencionado: Sabemos, dice el apóstol, que todos tenemos conocimiento; (v. 1) como si él hubiera dicho: "Ustedes que toman tal libertad no son las únicas personas con conocimiento; nosotros que nos abstenemos conocemos tanto como ustedes de la vanidad de los ídolos, y que ellos no son nada; pero sabemos también que la libertad que ustedes toman es muy culposa, y que incluso la libertad lícita debe ser utilizada con caridad y no en perjuicio de los hermanos más débiles."[81]

Esta prohibición en particular, no se limita estrictamente a la carne, sino más bien a la idolatría como un todo, que se considera fornicación espiritual. YHWH estableció un sistema de sacrificios y proveía carne para comer de sus sacrificios, lo cual se consideraba como una parte integral de la adoración.

Si nos fijamos en pesaj, vemos que había un cordero para cada casa. Los Yisraelitas traerían un cordero sin defecto al Tabernáculo, el Mishkán o el templo (dependiendo del período de tiempo) y ellos lo ofrecerían como un sacrificio en obediencia y adoración a YHWH. Después del primer pesaj, no sacrificarían en sus casas o en cualquier otro lugar, excepto en el lugar donde YHWH elegiría como habitación para Su nombre. (Debarim 16:2-6). Ellos luego tomarían la carne de su sacrificio y se la comerían con sus familias e incluso amigos. Este era un acto sagrado de obediencia y de adoración que se realizaba en un momento prescrito por YHWH.

Los paganos tenían su propio sistema de ofrendas de sacrificio que era nada menos que una abominación. Mientras que los ídolos mismos no eran nada - el proceso era una perversión del sistema que YHWH había establecido y era simplemente inapropiado que los hijos de YHWH participaran en alguna cosa.

Esto es similar a lo que hizo Aarón cuando construyó el becerro de oro y luego declaró una fiesta para YHWH. *" [4] y él los tomó de las manos de ellos, y le dio forma con buril, e hizo de ello un becerro de fundición. Entonces dijeron: Yisrael, estos son tus dioses, que te sacaron de la tierra de Mitsrayim. [5] Y viendo esto Aarón, edificó un altar delante del becerro; y pregonó Aarón, y dijo: Mañana será fiesta para YHWH. [6] Y al día siguiente madrugaron, y ofrecieron holocaustos, y presentaron ofrendas de paz; y se sentó el pueblo a comer y a beber, y se levantó a regocijarse."* Shemot. 32:4-6. Aharon mezcló dioses paganos con la adoración de YHWH que es exactamente lo que se conoce por la prohibición de la carne sacrificada a los ídolos.

Otro pasaje de la Escritura que puede ser examinado en este tema es Vayiqra 17 donde YHWH manda que los hijos de Yisrael y el extranjero que mora entre ellos (esto correspondería a un gentil que se ha convertido a YHWH) no maten ya a un toro o a un cordero o a una cabra fuera del campamento. Todos los sacrificios debían ser llevados ante la puerta de la Tienda de Reunión como una ofrenda a YHWH delante del Lugar de Habitación de YHWH. La sangre del sacrificio debía ser rociada sobre el altar de YHWH a la puerta de la tienda de reunión, y la grasa tenía que ser quemada como olor fragante a YHWH. Esta es la forma en que YHWH dirigía las ofrendas, los sacrificios y la adoración.

Cualquier hombre, fuera Yisraelita o extranjero, que optaba por no ofrecer ofrendas, sacrificios o adoración de acuerdo a las directivas de YHWH, era considerado un idólatra. En otras palabras, si él se decidía a hacerlo a su manera en lugar de la manera de YHWH - entonces él tenía que ser cortado - no se consideraba como adoración apropiada para YHWH sino más bien se consideraba prostitución con los demonios.

La aplicación de la presente es convincente y poderosa. Tenemos que inspeccionar nuestros corazones y examinar nuestra conducta para determinar si estamos adorando a YHWH de acuerdo con sus directivas, ordenanzas y mandamientos o si lo estamos adorando a nuestra manera o de alguna manera que fuimos enseñados por otra persona. Debemos asegurarnos de que nuestras ofrendas, sacrificios y nuestra adoración se alinee con sus mandamientos y no debemos de participar en prácticas paganas que pueden parecer inofensivas en la superficie, pero que en realidad son ofensivas para YHWH.[82]

Leemos en las Escrituras que la asamblea de Corinto creía que eran maduros y se apoyaban en su "entendimiento" de que los ídolos no eran reales. Como resultado de este entendimiento, ellos creían que su participación de la comida sacrificada a los ídolos era inofensiva. Shaul enseñó lo contrario y nos haría bien prestar atención a su enseñanza en este tema, ya que se aplica tanto a los creyentes de hoy en día como lo hizo con los del pasado.

El entendimiento de los creyentes de Corinto es el mismo entendimiento que muchos cristianos comparten en relación con el hecho de que la pascua se deriva de un antiguo rito de la fertilidad y la navidad es la celebración de cumpleaños del dios sol pagano. Ellos pintan huevos y levantan árboles de Nimrod de acuerdo con las tradiciones paganas. Muchos participan en ignorancia pero otros saben muy bien los orígenes de estas prácticas, pero consideran que son inofensivas. Tristemente son idólatras y su comportamiento es una abominación a YHWH.

Las palabras de Shaul aplican tanto al cristianismo moderno como a los Corintios. *"[16] ¿Y qué acuerdo hay entre el templo de Elohim y los ídolos? Porque vosotros sois el templo del Elohim viviente, como Elohim dijo: Habitaré y andaré entre ellos, Y seré su Elohim, Y ellos serán mi pueblo. [17] Por lo cual, Salid de en medio de ellos, y apartaos, dice YHWH, Y no toquéis lo inmundo; Y yo os recibiré, [18] Y seré para vosotros por Padre, Y vosotros me seréis hijos e hijas, dice YHWH Todopoderoso."* 2 Corintios 6:16-18.

La Torá incluye al menos 53 mandamientos generales relacionados con la idolatría solamente - por no mencionar los relacionados con los sacrificios que son aceptables para YHWH. Por lo tanto, hay por lo menos 53 mandamientos en la Torá que están cubiertos por la primera directiva que fue dada en la carta a los gentiles conversos por el concilio de Yahrushalayim.

La segunda y la tercera prohibición que figuraban en la carta a los gentiles conversos pueden ser vistas como una categoría. Los animales estrangulados y la sangre, ambos tienen que ver con reglas dietéticas kosher que se encuentran en la Torá, aunque la sangre es tratada por separado de los alimentos, ya que las Escrituras nos dice que *"la vida está en la sangre."* (Debarim 12:23).

Es interesante notar que el cincuenta por ciento de las directivas esenciales dadas a los gentiles conversos lidia con asuntos de la dieta kosher. Kosher, o mejor aún - kashrut, es uno de esos temas que generalmente se cree que es estrictamente "judío." La mayoría de los cristianos nunca consideraría que tiene que regular su dieta de acuerdo a los mandamientos de YHWH.

Independientemente del hecho de que YHWH dirige nuestra conducta en todos los demás aspectos de la vida, los cristianos parecen creer que la comida está de alguna manera exenta. La idea de que a los cristianos se les prohíba comer animales que YHWH considera detestables, como los cerdos, los murciélagos, las criaturas de las profundidades del mar o los animales encontrados muertos en la carretera, es aparentemente impensable según la doctrina cristiana actual - a pesar del hecho de que estas cuestiones se tratan específicamente en las Escrituras.[83]

Si no se supone que los cristianos se mantengan kosher, entonces parece muy extraño que muchos de los fundamentos dados a los gentiles conversos involucraran instrucciones dietéticas. De hecho, está claro que se esperaba que los gentiles conversos observaran las instrucciones de la dieta que se encuentran dentro de la Torá. Se esperaba que ellos vivieran vidas santas, apartadas, y parte de vivir una vida apartada para YHWH es comer sólo aquellas cosas que Él declaró que son comida. Yahushua nunca declaró que todas las criaturas eran limpias como algunos podrían creen.[84] Hay por lo menos 37 mandamientos relacionados con la alimentación en la Torá. Estos no fueron anulados por la muerte y resurrección del Mesías, y los gentiles conversos deberían estar observándolos junto con sus hermanos Yisraelitas redimidos.

La última prohibición en la carta a los gentiles conversos era abstenerse de la inmoralidad sexual. La palabra griega para inmoralidad sexual es "porneia" (πορνεία), que significa prostitución - incluyendo adulterio e incesto - y figurativamente - idolatría. Proviene de la palabra "porneuo" (πορνευο) que significa: "el acto de la ramera." Esto literalmente significa complacer la lujuria ilegal de uno u otro sexo, o en sentido figurado, practicar idolatría. La versión King James de la Biblia traduce la inmoralidad sexual como fornicación.

Algunos diccionarios definen la fornicación simplemente como adulterio, pero está claro a partir del pasaje que la inmoralidad sexual se refería a una variedad de formas de conducta sexual inaceptable. ¿Dónde podría una persona conocer más acerca de la conducta prohibida incluida en el término de "inmoralidad sexual"? La respuesta, por supuesto, está en la Torá. Según mis cuentas, hay al menos 24 actos sexuales prohibidas sólo en Levítico 18 que entrarían en la categoría de inmoralidad sexual a veces traducido como "desnudez" o "ervah" (עֶרְוָה) en hebreo. Por lo tanto, hay por lo menos 24 mandamientos adicionales que se aplicaban a los gentiles conversos.

Así pues, la carta a los gentiles conversos les instruía a guardar inmediatamente al menos 4 categorías de la Torá que en realidad abarcaban hasta 114 mandamientos. Se asume que ellos iban a ir a la asamblea en el Shabat (lo que significa que también estarían obedeciendo los mandamientos relativos al Shabat) y aprenderían el resto de la Torá. ¿Por qué se les instruiría a ir a la asamblea y aprender de Mosheh (Torá) si no se esperaba que obedecieran? La respuesta es obvia: se esperaba que los gentiles conversos aprendieran y observaran la Torá junto con los creyentes hebreos, porque eran todos parte de la Comunidad de Yisrael y estaba sujetos a la misma Torá.

Hemos hablado de 114 mandamientos que aplicaban de inmediato a los gentiles conversos y la tendencia natural es que después de que ellos aprendieran la Torá, ellos obedecerían cualquier otro mandamiento que encontraran para aplicarlo a sus vidas. Sin duda, se esperaba que los 10 mandamientos se obedecieran, y por lo tanto habría habido 124 mandamientos inmediatos que debían ser aprendidos.

No me gusta numerar los mandamientos—simplemente estoy haciendo un punto. No había diferencias entre los creyentes hebreos y gentiles conversos en relación a observancia de la Torá. Se esperaba que los gentiles conversos obedecieran los mismos que los creyentes hebreos. El punto era que ellos se unieran a la asamblea de Yisrael, y no que permanecieran separados del pacto.

Esto nos lleva a un pasaje de la escritura que parecería contradecir esta afirmación. El pasaje registra una conversación que tuvo lugar entre Yaakob y Saúl concerniente a ayudar a cuatro hermanos a completar el voto nazareo. Esta es la conversación de una traducción moderna tradicional al español, que dice lo siguiente: *"²³ Haz, pues, esto que te decimos: Hay entre nosotros cuatro hombres que tienen obligación de cumplir voto. ²⁴ Tómalos contigo, purifícate con ellos y paga sus gastos para que se rasuren la cabeza; y todos comprenderán que no hay nada de lo que se les informó acerca de ti, sino que tú también andas ordenadamente, guardando la ley. ²⁵ Pero en cuanto a los gentiles que han creído, nosotros les hemos escrito determinando que <u>no guarden nada de esto; solamente que</u> se abstengan de lo sacrificado a los ídolos, de sangre, de ahogado y de fornicación."* Hechos 21:23-25 RVR1995.

La traducción Reina-Valera 1995 de este pasaje parece decir que los gentiles conversos solamente tienen que obedecer los 4 mandamientos pero ya hemos visto que este no era el caso en lo absoluto. Si usted mira los manuscritos griegos de donde se deriva la traducción en español, usted encontrará que muchas de las palabras se añaden para que encaje con la teología preconcebida del traductor. Las palabras subrayadas se añadieron al texto en español para hacerlo decir algo en español que no dice en el griego.

Una traducción literal de Hechos 21:25 debería decir lo siguiente: *"Pero en cuanto a los gentiles que creen, hemos escrito y decidido que deberían mantenerse de lo que se ofrece a los ídolos, y de sangre, y lo que es estrangulado y de prostituirse."* En este pasaje Yaakob simplemente estaba reiterando lo que había sido previamente determinado por el concilio, y esta traducción corregida es perfectamente consistente con Hechos 15: 20-21, que luego instruye a los gentiles conversos a aprender la Torá.

Este ejemplo de una alteración del texto de ninguna manera es un incidente aislado. Aunque ciertamente aprecio el trabajo duro de incontables traductores que me han dado una traducción al español de manuscritos hebreos y griegos, estos no son perfectos. Hay muchos errores que podemos encontrar en traducciones que necesitan ser descubiertos y corregidos.

Esto no afecta a la infalibilidad de la palabra de YHWH, que no es lo mismo que la tinta sobre el papel. Aquellos que se suscriben a la infalibilidad de una traducción en particular en español, están perdiendo el punto por completo.[85] Es fundamental que trabajemos con los errores de traducción identificables en nuestra búsqueda de la verdad. A través de este proceso, debemos estar dispuestos a corregir nuestro pensamiento y nuestra doctrina para alinear nuestras vidas con la verdad de la

Torá para que podamos participar, y abrazar, los pactos de YHWH.

11
La Torá y los Pactos

Una de las razones principales por las que el cristianismo ha abandonado la Torá es debido a un malentendido fundamental de los pactos. Creo que gran parte de la confusión se deriva de una forma u otra del dispensacionalismo. Esta doctrina ha tenido un impacto profundo en la doctrina cristiana moderna y ha ayudado a apoyar y establecer otras doctrinas perjudiciales tales como la Teología del Reemplazo. Tan dominante es esta enseñanza que muchos son dispensacionalistas sin siquiera darse cuenta de que se suscribieron a la doctrina - más bien simplemente creen que es una verdad que subyace en las Escrituras.

El dispensacionalismo en su forma popular más reciente de derivó principalmente del movimiento de la Escuela Bíblica en los Estados Unidos y de la Biblia Scofield. El dispensacionalismo promueve el reemplazo del "antiguo" con el "nuevo." Enseña que la iglesia ha reemplazado a Yisrael y que la gracia ha reemplazado a la Torá, entre otras cosas. Esta doctrina no tiene apoyo en las Escrituras y no es más que una forma para que los hombres puedan explicar los cambios que han ocurrido dentro del cristianismo en los últimos dos mil años.[86]

Esta es una doctrina muy peligrosa que ha impregnado la mayor parte de la cristiandad moderna. Yo la llamo peligrosa porque distorsiona por completo el plan del Creador del universo tal como se describe en las

Escrituras y se presenta a través de los pactos. Justifica la anarquía al abogar por la abolición de la Torá y al enseñar que la Torá era sólo para los "judíos," dejando al cristianismo en un dilema porque el Mesías - que es la palabra en la carne - obedeció los mandamientos e instruyó a los que le amaban a obedecer su mandamientos que no solo era amarnos unos a otros como se enseña comúnmente (Yahanan 14). De hecho, Él declaró específicamente que Él no vino a abolir la Torá (Mattityahu 5:17) o a cambiarla de ninguna manera.

Todos tenemos paradigmas que, en esencia, enmarcan y filtran la forma en que percibimos el mundo e incluso controlan cómo leemos las Escrituras. El cristianismo tiene ciertos paradigmas que se refuerzan a través de seminarios y universidades bíblicas y luego se abrazan desde los púlpitos y por medio de los escritos. En su mayor parte, el cristianismo enseña que antes de la primera venida del Mesías, el hombre estaba bajo la dispensación de la ley una vez que Yahushua "cumplió" la dispensación, fue entonces abolida, lo que llevó a la dispensación de la .

Los defensores del dispensacionalismo básicamente enseñan que Yisrael estaba bajo la dispensación de la dispensación, mientras que "la iglesia" está bajo la dispensación de la gracia. Esta es la esencia de la Teología del Reemplazo, que la iglesia ha reemplazado a Yisrael. Esto lleva a la confusión cuando se trata de profecías relacionadas con Yisrael que fueron fácilmente justificadas al declarar que la iglesia tomó el lugar de Yisrael.

Después de 1948, cuando el estado moderno de Yisrael entró en existencia, se planteó otro problema que se ha justificado de nuevo con la idea de que la iglesia es el Yisrael espiritual. Ninguna de estas acrobacias teológicas se basa en una lectura e interpretación sana de las

Escrituras. Ni tampoco, este paradigma se presenta siempre con la etiqueta del dispensacionalismo. De hecho, la mayoría de la gente recibe esta enseñanza sin darse cuenta de que es sólo una doctrina creada por un hombre.

Más allá de las dispensaciones de la ley y la gracia, algunos enseñan que también hubo una dispensación Apostólica donde tanto la ley como la dispensación, operaron después de la resurrección de Yahushua hasta la destrucción del templo en el año 70 EC. Ellos tratan la destrucción del templo como el fin de la dispensación de la ley, aunque no hay nada en las Escrituras para justificar esta enseñanza, ni siquiera tiene sentido. Lo hacen en un intento de explicar por qué los discípulos de Yahushua continuaron obedeciendo la Torá después de su muerte y resurrección, y explicar además por qué el cristianismo no está obedeciendo actualmente la Torá. Debido a que esto es una contradicción flagrante, ellos tenían que encontrar una manera para darle sentido a este dilema. En lugar de admitir que se han equivocado y que necesitan comenzar a obedecer los mandamientos, crearon una nueva dispensación.

Es importante recordar que el Mishkan (Tabernáculo) en Silo fue destruido cuando los filisteos se llevaron el Arca durante el tiempo de Elí, el sumo sacerdote y Shemuel. El Hekal (templo) en Yahrushalayim también había sido destruido, abandonado y descuidado en varias ocasiones según lo registrado en el Tanak. Ninguno de estos incidentes resultó en el fin de la Torá. Del mismo modo, la destrucción del templo en el año 70 EC no puso fin a la Torá. El profeta Ezequiel predijo incluso de un futuro Hekal que se construirá en Yahrushalayim y los profetas hablan de un tiempo en el futuro cuando el sistema de sacrificios establecido en la Torá se restablecerá.

La Torá no depende de la existencia de un tabernáculo o templo físico aquí en la tierra, ni se ve afectada por la ausencia de uno. La Torá no sólo incluye instrucciones sobre el servicio del templo - que le enseña al hombre a cómo adorar y relacionarse con Elohim. También instruye a las personas en cuanto a su interacción con los otros. Todavía hay levitas y cohens cuyo trabajo consiste en servir en el templo. Algunos creen que un día el servicio del templo será restaurado como lo fue en el pasado. Como resultado, algunos cohens y levitas se preparan para reanudar su servicio.[87]

Todavía adoramos a Elohim y todavía interactuamos con nuestros semejantes en el día a día. Por lo tanto, todavía tenemos que aprender y obedecer la Torá. Como dijo el Mesías, "ni una jota (yud) ni una tilde (punto) de la Torá pasarán hasta que todo se haya cumplido." Mattityahu 5:18. Si usted ha leído los profetas y el libro de Apocalipsis, puede discernir fácilmente que no todo se ha cumplido. Por lo tanto, todavía tenemos la Torá y no es exclusivamente para los "judíos" - es para Yisrael.

Al tratar la Torá y la gracia como dos conceptos diametralmente opuestos, los dispensacionalistas están disminuyendo la importancia eterna de la Torá tratándola como algo temporal, obsoleto y menos significativo que la gracia. Esta enseñanza crea un escenario muy peligroso y confuso para los cristianos, ya que los coloca, en cierto modo, en directa oposición al plan, la voluntad y la palabra de YHWH. La Torá y la gracia están destinadas a operar en conjunto una con la otra en la vida de cada creyente. Mientras que una persona es salva por gracia, esta necesita vivir su vida de acuerdo con la enseñanza y la instrucción proporcionada en la Torá.

El cristianismo habla mucho sobre el Nuevo Pacto cuando mencionan la gracia, y los dos están claramente relacionados. El problema es que la mayoría de los cristianos no saben realmente lo que es el Nuevo Pacto, o dónde encontrarlo en las Escrituras. Además, es imposible entender el titulo "Nuevo Pacto" sin entender lo que se ha denominado el "Antiguo" pacto.

Leemos en las Escrituras que YHWH hizo un pacto con el hombre Abram, más tarde llamado Abraham. Él le dijo que dejara la tierra de su padre, y que fuera a una tierra que se le daría a su descendencia. Abraham fue obediente a YHWH y fue considerado un amigo de YHWH. Se le prometió un hijo a través del cual se cumpliría el pacto y en Beresheet 15:17 leemos como YHWH pasó sólo a través de los cortes del pacto y al hacerlo Él demostró que sólo Él cumpliría por completo el pacto. Tradicionalmente, ambas partes pasarían a través de los cortes como una señal de que su sangre sería derramada si fracasaran en mantener el pacto. Al pasar a través de los cortes, YHWH estaba tomando la responsabilidad de ambas partes y si el pacto se rompía por cualquiera de las partes, YHWH llevaría el castigo.[88]

A través del incidente en el monte en la tierra de Moriah conocido como el Akida,[89] YHWH demostró cómo Él iba a cargar con la responsabilidad y, de hecho ensayó la misma escena que se repetiría por Yahushua. Así como Abraham y su hijo prometido, las Escrituras enfatizan su *"único hijo"* (Beresheet 22: 2) subieron a la colina en la tierra, Isaac (Yitshaq) [90] carga la leña del sacrificio en su hombro. Él voluntariamente se deja atar y ser puesto en el altar. Cuando Abraham estaba a punto de sacrificar a su hijo prometido, se le detiene y se le muestra que YHWH proveyó un carnero para el sacrificio en sustitución de su hijo.

A través de esto se nos muestra el concepto de sustitución y que YHWH proveería a su Hijo, el Cordero de

Elohim, que derramaría su sangre para expiar nuestros pecados.[91] También se nos muestra cómo se cumplirá el pacto por completo por YHWH y todo lo que Él espera de nosotros es fe - *que se demuestra por la obediencia.*

YHWH le dijo a Abram que toda la tierra sería bendecida por sus descendientes pero primero ellos serían extraños en cautiverio y ellos serían afligidos. Vimos que esto se hizo realidad a medida que los Yisraelitas fueron esclavos en Mitsrayim y posteriormente fueron liberados a través de Moisés. Vamos a tomar un momento y vamos a mirar hacia atrás en el Sinaí, ya que, al igual que con Abram, se proporcionó un patrón que también tendrá que repetirse. Después de que los hijos de Yisrael, incluyendo la multitud mixta de los pueblos, fueron redimidos de Mitsrayim, a ellos se les dio luego la oportunidad de entrar en un pacto matrimonial con YHWH. Ellos serían la novia, y Él sería su marido. También se nos dio un claro ejemplo en el Sinaí de cómo se rompería el pacto y cómo YHWH renovaría su pacto.

Cuando Mosheh primero subió a la montaña, YHWH cortó las tablas y escribió sus mandamientos sobre ellas. Tan pronto como se hizo el pacto, Yisrael rompió ese pacto. Ellos construyeron y adoraron un ídolo - el becerro de oro - y lo hicieron proclamando que era una fiesta para YHWH.[92] Cuando Mosheh vio lo que la gente había hecho, él rompió las tablas dando a entender que ellos habían roto el pacto - ellos se prostituyeron en pos de otros dioses.

Después de que su ira se había calmado, en una demostración de su gran misericordia y gracia, YHWH instruyó a Mosheh a volver a subir a la montaña. Esta vez a Mosheh se le ordenó cortar las piedras él mismo, y presentar las piedras cortadas a mano a YHWH. YHWH escribió entonces los MISMOS mandamientos en esas tablas presentadas por un hombre. El pacto no fue abolido o reemplazado, sino que fue renovado. Esto es importante porque los pactos de YHWH no se reemplazan - se renuevan.

El pacto que se hizo, se rompió y se renovó en el Sinaí, fue posteriormente renovado en Moab antes de que Yahushua, a menudo llamado Josué, [93] llevara a Yisrael a la tierra prometida. *"[10] Vosotros todos estáis hoy en presencia de YHWH vuestro Elohim; los cabezas de vuestras tribus, vuestros ancianos y vuestros oficiales, todos los varones de Yisrael; [11] vuestros niños, vuestras mujeres, <u>y tus extranjeros que habitan en medio de tu campamento, desde el que corta tu leña hasta el que saca tu agua;</u> [12] para que entres en el pacto de YHWH tu Elohim, y en su juramento, que YHWH tu Elohim concierta hoy contigo, [13] para confirmarte hoy como su pueblo, y para que él te sea a ti por Elohim, de la manera que él te ha dicho, y como lo juró a tus padres Abraham, Yitshaq y Yaakob. [14] <u>Y no solamente con vosotros hago yo este pacto y este juramento, [15] sino con los que están aquí presentes hoy con nosotros delante de YHWH nuestro Elohim, y con los que no están aquí hoy con nosotros.</u>"* Debarim 29:10-15.

Así como el pacto del Sinaí incluyó a la multitud mixta, el pacto renovado en Moab se hizo con Yisraelitas no nativos que habitaban con ellos. También se hizo con los que estaban allí ese día, **así como** aquellos que no estaban allí ese día. Yisrael entró luego en la tierra y pasó por un período de conquista y repartición de la tierra entre las tribus. Antes del Rey Shaul no hubo reyes humanos, per se, aunque hubo profetas, sacerdotes y jueces que ejercieron la autoridad en el reino. Cuando el pueblo clamó por un rey, YHWH respondió y Shemuel ungió a Shaul como rey.

Shaul pecó al desobedecer a YHWH, y el reino fue quitado de él. Después de eso Dawid fue ungido como rey.

Dawid proclamó: *"¡Oh, cuánto amo yo tu Torá! Todo el día es ella mi meditación."* Tehilim 119:97. Él estaba enamorado de la Torá, y esto es lo que lo distingue de todos los otros reyes de Yisrael. Como resultado, él unió a las tribus del norte de Yisrael con las tribus del sur de Yahudá. Él reinó sobre un reino unido que se extendió a través del reinado de su hijo Shlomo (Salomón). Tristemente, Shlomo se alejó de YHWH y practicó la idolatría.

Después de la muerte de Shlomo, su hijo Roboam oprimía las diez tribus del norte, conocida como la casa de Yisrael, a través de fuertes impuestos al punto que ellos se rebelaron y se separaron del reino del sur - la casa de Dawid - también conocida como la casa de Yahudá. Por lo tanto fue sólo bajo el reinado de Dawid que el reino estuvo unido bajo el gobierno de un rey que tenía un corazón para Elohim.

Tras la división del reino, las dos casas del Yisrael y Yahudá fueron tratadas individualmente por YHWH y Sus profetas. Tanto los reinos del Norte y del Sur se apartaron de YHWH, y ambos fueron exiliados por haber desobedecido la Torá. La casa de Yisrael fue castigada más severamente porque su conducta fue más censurable. Establecieron la adoración de dos becerros de oro - uno en Dan y uno en Bet El. Lo hicieron porque se habían separado del reino del Sur - Benyamin y Yahudá. Por lo tanto, ellos no fueron a Yahrushalayim, que estaba geográficamente ubicada dentro de esas dos tribus.

Las tribus del norte cometieron el mismo pecado que Yisrael hizo cuando rompieron el pacto en el Sinaí la primera vez. La casa de Yisrael cometió adulterio y se le dio el divorcio por YHWH.[94] Como resultado, estas tribus fueron dispersadas a las cuatro esquinas de la tierra y perdieron por completo su identidad, a pesar de que fue profetizado que un día serían reunificadas y restauradas. (Oseas 1: 1-11).[95]

Esta reunificación y restauración del reino fue profetizada en todo el Tanak. El profeta Yehezeqel (Ezequiel) da un ejemplo maravilloso de la siguiente manera: *"[15] Vino a mí palabra de YHWH, diciendo: [16] Hijo de hombre, toma ahora un palo, y escribe en él: Para Yahudá, y para los hijos de Yisrael sus compañeros. Toma después otro palo, y escribe en él: Para José, palo de Efraín, y para toda la casa de Yisrael sus compañeros. [17] Júntalos luego el uno con el otro, para que sean uno solo, y serán uno solo en tu mano. [18] Y cuando te pregunten los hijos de tu pueblo, diciendo: ¿No nos enseñarás qué te propones con eso?, [19] diles: Así ha dicho YHWH Adonai: He aquí, yo tomo el palo de José que está en la mano de Efraín, y a las tribus de Yisrael sus compañeros, y los pondré con el palo de Yahudá, y los haré un solo palo, y serán uno en mi mano. [20] Y los palos sobre que escribas estarán en tu mano delante de sus ojos, [21] y les dirás: Así ha dicho YHWH Adonai: He aquí, yo tomo a los hijos de Yisrael de entre las naciones a las cuales fueron, y los recogeré de todas partes, y los traeré a su tierra; [22] y los haré una nación en la tierra, en los montes de Yisrael, <u>y un rey será a todos ellos por rey; y nunca más serán dos naciones, ni nunca más serán divididos en dos reinos.</u> [23] Ni se contaminarán ya más con sus ídolos, con sus abominaciones y con todas sus rebeliones; y los salvaré de todas sus rebeliones con las cuales pecaron, y los limpiaré; y me serán por pueblo, y yo a ellos por Elohim. [24] <u>Mi siervo Dawid será rey sobre ellos, y todos ellos tendrán un solo pastor; y andarán en mis preceptos, y mis estatutos guardarán, y los pondrán por obra.</u> [25] Habitarán en la tierra que di a mi siervo Yaakob, en la cual habitaron vuestros padres; en ella habitarán ellos, sus hijos y los hijos de sus hijos para siempre; y mi siervo David será príncipe de ellos para siempre. [26] Y haré con ellos pacto de* *paz, pacto perpetuo será con ellos; y los estableceré y los multiplicaré, y pondré mi santuario entre ellos para siempre. ^{27} Estará en medio de ellos mi tabernáculo, y seré a ellos por Elohim, y ellos me serán por pueblo. ^{28} Y sabrán las naciones que yo YHWH santifico a Yisrael, estando mi santuario en medio de ellos para siempre."* Yehezeqel (Ezekiel) 37:15-28.

Esta esperanza de restauración se esperaba que se lograra a través del Mesías. En realidad sucedió, pero no de una manera en que la gente esperaba. En primer lugar, la casa de Yisrael necesitaba ser restaurada - recuerde que ella se divorció de YHWH. Tanto la relación pasada y futura entre YHWH y la casa de Yisrael está muy bien representada en Oseas 2. Así que para que la restauración se lleve a cabo, Yisrael debe ser reunificada y su relación debe ser restaurada por medio de la renovación del pacto - sus votos matrimoniales.

Esta es la razón por la cual Yahushua mandó a sus discípulos a *"ir a las ovejas perdidas de la casa de Yisrael."* Mattityahu 10:6. También dijo: " No soy enviado sino a las ovejas perdidas de la casa de Yisrael. " Mattityahu 15:24. Su propósito era claro y era consistente con la promesa de un pacto renovado - no un pacto nuevo.

La promesa de un pacto renovado para llevar a cabo esta restauración fue proporcionada por el profeta Yirmeyahu de la siguiente manera: *"^{31} He aquí que vienen días, dice YHWH, en los cuales* **haré un pacto renovado con la casa de Yisrael y con la casa de Yahudá.** *^{32} No como el pacto que hice con sus padres el día que tomé su mano para sacarlos de la tierra de Mitsrayim; porque ellos invalidaron mi pacto, aunque fui yo un marido para ellos, dice YHWH. ^{33} Pero este es el pacto que haré con la casa de Yisrael después de aquellos días, dice YHWH:* **Daré mi Torá en su mente, y la escribiré en su corazón; y yo seré a** *ellos por Elohim, y ellos me serán por pueblo. ³⁴ Y no enseñará más ninguno a su prójimo, ni ninguno a su hermano, diciendo: Conoce a YHWH; porque todos me conocerán, desde el más pequeño de ellos hasta el más grande, dice YHWH; porque perdonaré la maldad de ellos, y no me acordaré más de su pecado."* Yirmeyahu 31:31-34.

La esencia del pacto renovado es que la Torá está en nuestras mentes y está escrita en nuestros corazones, en lugar de simplemente palabras en rollos o en piedra. Se trata de la sustitución de nuestros corazones de piedra con corazones de carne como fue profetizado por Yehezeqel (Ezequiel). *" ²² Por tanto, di a la casa de Yisrael: Así ha dicho YHWH Adonai: No lo hago por vosotros, oh casa de Israel, sino por causa de mi santo nombre, el cual profanasteis vosotros entre las naciones adonde habéis llegado. ²³ Y santificaré Mi grande nombre, profanado entre las naciones, el cual profanasteis vosotros en medio de ellas; y sabrán las naciones que yo soy YHWH, dice YHWH Adonai, cuando sea santificado en vosotros delante de sus ojos. ²⁴ Y yo os tomaré de las naciones, y os recogeré de todas las tierras, y os traeré a vuestro país. ²⁵ Esparciré sobre vosotros agua limpia, y seréis limpiados de todas vuestras inmundicias; y de todos vuestros ídolos os limpiaré. <u>²⁶ Os daré corazón nuevo, y pondré espíritu nuevo dentro de vosotros; y quitaré de vuestra carne el corazón de piedra, y os daré un corazón de carne. ²⁷ Y pondré dentro de vosotros mi Espíritu, y haré que andéis en mis estatutos, y guardéis mis preceptos, y los pongáis por obra.</u>"* Yehezeqel (Ezequiel) 36: 22-27.[96]

Esto es lo que Yahushua estaba logrando mientras estuvo en la tierra. Él desea que tengamos Su Torá en nuestros corazones y mentes y que obedezcamos por amor, para que nosotros lo conozcamos. Cuando le pedimos a Yahushua que "entre en nuestro corazón", y recibimos la salvación por fe - le estamos pidiendo a la palabra viviente de YHWH, la Torá viviente, que circuncide nuestros corazones. Le estamos pidiendo a YHWH que coloque su Espíritu dentro de nosotros, y al hacerlo, que inscriba Su Torá en nuestros corazones y en nuestras mentes para que podamos haber renovado nuestros corazones para obedecerle y para comenzar a vivir vidas separadas, rectas. Este es el pacto renovado y todo es acerca de la Torá.

El pacto renovado se hace entre YHWH y la casa de Yisrael y la casa de Yahudá. El pacto renovado no se hace con una organización nueva y distinta llamada la iglesia cristiana o el Cuerpo de Cristo. El pacto se renueva con los mismos que recibieron el pacto anterior - Yisrael. Así como Yisrael consistía de una multitud mixta cuando fueron liberados de Mitsrayim, así el Yisrael de hoy que constituye la asamblea apartada, es una multitud mixta de personas - no necesariamente todos descendientes genéticos de Abraham, Yitshaq y Yaakob - pero muy probable muchos de hecho lo sean.

Ellos se encuentran dispersos por todo el mundo y se han mezclado con las naciones, pero el Mesías reunirá a sus ovejas. Las Escrituras incluso registran cómo se llevará a cabo: *"*^{14} *No obstante, he aquí vienen días, dice YHWH, en que no se dirá más: Vive YHWH, que hizo subir a los hijos de Yisrael de tierra de Mitsrayim;* ^{15} *sino: Vive YHWH, que hizo subir a los hijos de Yisrael de la tierra del norte, y de todas las tierras adonde los había arrojado; y los volveré a su tierra, la cual di a sus padres.* ^{16} *He aquí que yo envío muchos pescadores, dice YHWH, y los pescarán, y después enviaré muchos cazadores, y los cazarán por todo monte y por todo collado, y por las cavernas de los peñascos."* Yirmeyahu 16:14-17.

Yahushua llamó a sus discípulos *"pescadores de hombres"* por esta misma razón. (Mattityahu 4:19; Marcos 1:17). Lamentablemente, la mayoría de "judíos" no han reconocido al Mesías porque ellos creen que Él no pudo unir a las tribus ni restaurar el reino. Esto es exactamente lo que Él vino a hacer pero el cristianismo ha fracasado en entender y en enseñar el panorama y han oscurecido la obra del Mesías. Ellos se han centrado tanto en Jesús siendo un "salvador personal" y en "la construcción de Su iglesia" que se perdieron un objetivo fundamental de su ministerio que consiste en reunir a los dispersos y la restauración de Yisrael - tanto a través de su primera como de su segunda venida.

Por tanto, la idea de que la iglesia ha reemplazado a Yisrael es una falta de comprensión de los pactos. Nada puede reemplazar a Yisrael, pero usted debe entender que Yisrael se compone de aquellos cuyos corazones han sido circuncidados, y no sólo de los descendientes genéticos de las doce tribus de Yisrael. Si usted es parte de la familia de Elohim, debe de afianzarse del pacto y unirse con Yisrael - el olivo.[97]

Esto es lo que Shaul quizo decir al ser "injertados" en Yisrael (Romanos 11). El olivo de Yisrael consiste en ambas ramas, silvestres y naturales. Las ramas naturales son desgajadas por su incredulidad y las ramas silvestres son injertadas a causa de la creencia. Una vez más, no estamos hablando del Estado moderno de Israel, que ocupa actualmente una pequeña porción de la tierra del pacto, sino más bien del Yisrael de Elohim (Gálatas 6:16).

La analogía de Shaul del Olivo es una enseñanza pura de la Torá respecto al Yisraelita nativo (rama natural) y el extranjero (rama silvestre) y cómo se entra en el pacto. Si un Yisraelita de origen nativo se negaba a seguir la Torá, él era retirado del campamento - cortado del pacto. Si un extranjero deseaba seguir a YHWH entonces tenía que seguir la Torá y él sería tratado de la misma manera como un nativo - injertado en el pacto. Así Yisrael estaba compuesto de todos los que habitaban en el campamento, o en la tierra, que seguían la Torá y vivían en obediencia a las instrucciones - tanto el nativo como el extranjero.

Cuando Shaul declaró que *"todo Yisrael será salvo"* (Romanos 11:26), él <u>no</u> estaba haciendo una declaración general que sobrenaturalmente todo "judío" o todos los descendientes genéticos de las doce tribus se salvarían. Más bien, él se refería a todos aquellos que son la simiente de Abraham (Gálatas 3:29), que comparten la creencia y la fe de Abraham. Todo el que se injerta en el árbol es Yisrael y por lo tanto, cuando sea el momento adecuado - todos los que pertenecen a Yisrael serán salvos de acuerdo con el pacto (Yeshayahu 27:9; Yirmeyahu 31:33).

Podemos ver claramente desde el ministerio del Mesías el idioma matrimonial que Él usa, que enfatiza el propósito de su ministerio. Él se sentó en la última cena, con doce representantes de las tribus de Yisrael - simbólico de Su reino Unido - Su . En la cultura oriental antigua, esa comida era la comida tradicional que ocurriría cuando una novia y un novio estaban de acuerdo en los términos del matrimonio. Sella el acuerdo (pacto) en la que el novio luego sale a "preparar un lugar para Su novia." Mientras que el novio está lejos, la novia se prepara a sí misma, se limpia a sí misma, se mantiene pura "sin mancha ni arruga" y aprende las costumbres de su esposo. El novio generalmente construía en la casa de su padre. Cuando la casa matrimonial está lista, el novio vuelve entonces "como ladrón en la noche" para pedir a su novia. Ellos luego van y tener una fiesta y consumen la relación.

Yisrael es la novia por la que Yahushua regresará - no la iglesia. Esta novia incluirá a todos aquellos que han creído y se han preparado para la boda. Si usted es parte de Yisrael, entonces usted está en el pacto, y la Torá es una parte integral de ese pacto. No se puede tener uno sin el otro.

Del mismo modo, la tierra es también una parte importante del pacto, que muchos cristianos no reconocen. Ellos creen que el pacto de la Tierra está separado de los otros pactos - no lo está. Cuando el Mesías regrese, Su novia no estará flotando en las nubes tocando arpas - ella estará en la tierra prometida con Su Marido.

Por lo tanto, el pacto renovado se consumó por Yahushua en lo que comúnmente se conoce como "La Última Cena." *"De igual manera, después que hubo cenado, tomó la copa, diciendo: Esta copa es el pacto renovado en mi sangre, que por vosotros se derrama."* Lucas 22:20. Muchas traducciones modernas de esa frase dicen: *"Esta copa es el nuevo pacto,"* que es una traducción incorrecta. La palabra traducida como "nuevo" es "kainee" (καινή) que significa: "Refrescado o renovado." Si la intención era invocar un nuevo pacto, la palabra "neo" (νέο) probablemente se habría utilizado en el texto griego. Esta interpretación es completamente consistente con el lenguaje utilizado por Yirmeyahu, Yeshayahu y Yehezeqel. En hebreo la palabra para renovar es "hadashah" (חֲדָשָׁה) y la palabra para pacto es "brit" (ברית). Así, el pacto renovado se conoce como el Brit Hadashah. YHWH nos da un ejemplo maravilloso de renovación a través de Su creación. A pesar de que gran parte del mundo calcula el tiempo de acuerdo a un calendario solar, el calendario Bíblico gira en torno a la luna.[98] Los meses comienzan con el avistamiento de la "luna nueva," que se refiere como "hodesh" (חֹדֶשׁ).

Cuando vemos la "luna nueva" sabemos que en realidad no es una luna nueva que aparece aproximadamente cada 28 días (el número de días en un ciclo depende de si usted está midiendo según el ciclo sinódico (29,5 días) o el ciclo sideral (27,1 días), por lo tanto el promedio es de 28 días). Más bien es una luna renovada o una luna reiterada. Nótese la similitud entre las palabras "hadashah" (חדשה) y "hodesh" (חֹדֶשׁ). Comparten el mismo significado de la raíz de renovación y la única diferencia es la hey (ה).[99] Por lo tanto, al igual que la luna se renueva en su tiempo así el pacto se renueva en el tiempo de YHWH.

Yahushua fue el mediador del pacto renovado al igual que Mosheh fue el mediador del pacto del Sinaí. Tenga en cuenta que no había gentiles en la mesa durante la última cena, sólo había Yisraelitas. No todas las doce tribus estuvieron presentes en la mesa, pero fueron claramente representadas, tal como se hizo durante la re-dedicación del templo por Nehemyah y Esdras. (Esdras 6:17).

Por lo tanto, el pacto renovado fue profetizado a Yisrael, y se hizo con Yisrael. La noción de que YHWH se deshizo de alguna manera de Yisrael es absurda. Si Él se deshizo de Yisrael entonces los pactos están acabados, y no hay promesas en las que podamos depender para ser redimidos.

La historia nos muestra que la religión cristiana ha intentado secuestrar el pacto renovado y de alguna manera sustituir a Israel, pero la iglesia cristiana nunca fue parte de ningún pacto. No se puede separar Yisrael del pacto renovado porque sin Yisrael no hay pacto renovado. Shaul afirmó claramente: *"[4] que son Yisraelitas, <u>de los cuales son la adopción, la gloria, el pacto, la promulgación de la Torá, el culto y las promesas;</u> [5] de quienes son los patriarcas, y de los cuales, según la carne, vino Cristo, el cual es Elohim sobre todas las cosas, bendito por los siglos. Amén."* Romanos 9: 4-5. Las promesas y los pactos pertenecen a Yisrael.

Es por esto que vemos muchos cristianos con una gran crisis de identidad. Hay literalmente miles de denominaciones, sectas y cultos - todos con diferentes reglas, normas, jerarquías y creencias de los demás - cada una creyendo que tiene el "evangelio completo." Ellos no saben cómo tratar con los demás - y mucho menos con Yisrael. La mayoría removió la Torá de sus tiendas y roció lo poco que quedaba con la gracia al punto que lo que los cristianos perciben como el pacto renovado es algo muy diferente de Mosheh y los profetas.

Los gentiles solamente entran en el pacto renovado a través de Yisrael. Si se le ha enseñado algo diferente, entonces se le ha enseñado una mentira. Si usted reconoce esta verdad entonces puede realmente ver el cumplimiento de la profecía ocurrir en su vida. El profeta Yirmeyahu inmediatamente después de profetizar acerca de los pescadores y los cazadores declaró: *"[19] . . . a ti vendrán los Gentiles desde los extremos de la tierra, y dirán: Ciertamente mentira poseyeron nuestros padres, vanidad, y no hay en ellos provecho. [20] ¿Hará acaso el hombre dioses para sí? Mas ellos no son dioses. [21] Por tanto, he aquí les enseñaré esta vez, les haré conocer mi mano y mi poder, y sabrán que mi nombre es YHWH."* Yirmeyahu 16: 19-21.

Yo crecí en la fe cristiana y llegó un punto en mi vida en que me di cuenta de que me habían mentido y tuve que experimentar un cambio de paradigma completo. Personalmente experimenté la profecía dada por Yirmeyahu y descubrí el nombre de YHWH. Me di cuenta de que tenía que entrar en el pacto y experimenté otra profecía del profeta Yeshayahu acerca de la salvación de los gentiles.

"[1] Así dijo YHWH: Guardad derecho, y haced justicia; porque cercana está mi salvación para venir, y mi justicia para manifestarse. [2] <u>Bienaventurado el hombre que hace esto, y el hijo de hombre que lo abraza; que guarda el Shabat para no profanarlo, y que guarda su mano de hacer</u>

*todo mal. ³ Y el extranjero que sigue a YHWH no hable diciendo: Me apartará totalmente YHWH de su pueblo. Ni diga el eunuco: He aquí yo soy árbol seco. ⁴ Porque así dijo YHWH: A los eunucos que guarden mis Shabats y escojan lo que yo quiero, y abracen mi pacto, ⁵ yo les daré lugar en mi casa y dentro de mis muros, y nombre mejor que el de hijos e hijas; nombre perpetuo les daré, que nunca perecerá. ⁶ Y a los hijos de los extranjeros que sigan a YHWH para servirle, y que amen el nombre de YHWH para ser sus siervos; <u>a todos los que guarden el Shabat para no profanarlo, y abracen mi pacto,</u> ⁷ yo los llevaré a mi santo monte, y los recrearé en mi casa de oración; sus holocaustos y sus sacrificios serán aceptos sobre mi altar; porque mi casa será llamada casa de oración para todos los pueblos. ⁸ **<u>Dice YHWH Adonai, el que reúne a los dispersos de Yisrael: Aún juntaré sobre él a sus congregados</u>**." Yeshayahu 56:1-8.*

Guardar derecho y hacer justicia se refiere específicamente a la Torá. Observe que a los gentiles se les dice que *"guarden," "sigan"* y *"abracen"* el pacto. Esto da la impresión de que alguien está tratando de quitárselo de ellos, que es exactamente lo que está sucediendo hoy en día. A medida que los gentiles están regresando a la verdad y arraigándose al pacto, se les está diciendo por los cristianos que ellos se están poniendo a sí mismos "bajo la ley" y se les dice por algunos "judíos" que ellos no pueden obedecer la Torá.[100] Ellos están siendo refutados y desanimados por todos lados. Es por eso que se les dan estas alentadoras palabras del profeta. Pase lo que pase - no deje que nadie le haga pensar o creer que *"YHWH [lo] ha apartado por completo [a usted] de su pueblo."*

Si usted ha entrado en el pacto renovado a través de Yahushua - el Camino, la Verdad, la Vida y la Luz - entonces usted ha entrado a través de la Torá Viviente y se encuentra en la comunidad de Yisrael. Él le dará un nombre mejor que hijos e hijas y tendrá un lugar en Su casa y las reglas de Su casa se encuentran en la Torá.

12

La Gracia

Hasta este punto hemos aludido a la gracia sin haber definido realmente la palabra. La razón es que quería establecer la Torá antes de entrar en el tema de la gracia. Es mi deseo que el lector obtenga una sólida comprensión de la importancia de la Torá, que con demasiada frecuencia se pone de lado por la noción de la gracia.

La palabra gracia en español se deriva del latín gratia por lo que significa gratitud o agradecimiento. Esto es evidente en la expresión en español "muchas gracias." Cuando la gente bendice los alimentos antes de comer, se supone que están dando gracias. Solamente se registra a Yahushua usando la palabra en cuatro ocasiones, y sólo en el libro de Lucas. En cada caso se utiliza en el contexto de agradecimiento. En ninguna parte Yahushua alude a la noción de que la dispensación del Todopoderoso operaría para abolir Su Torá. Lamentablemente esto es lo que se enseña y se cree en gran parte del cristianismo.

De hecho, el cristianismo ha desarrollado una doctrina entera alrededor de la palabra gracia por lo que puede ser útil tomar un momento y examinar la fuente de este entendimiento equivocado. La mayoría de los cristianos conocen la escritura *"Porque por gracia sois salvos por medio de la fe; y esto no de vosotros, pues es don de Elohim"* Efesios 2:8. ¿Qué significa esto? En pocas palabras, demuestra que, por la gracia de YHWH, no nos salvaríamos. La gracia es un conducto para la salvación. Es un regalo que se da libremente para que ningún hombre presuma que de alguna manera ganó su salvación (Efesios 2:9). Ningún hombre es perfecto, excepto uno. Por tanto, nadie puede salvarse fuera de la gracia de YHWH. El problema surge cuando las personas comienzan a tratar la gracia como algo nuevo y mutuamente excluyente de la Torá. Ellos creen que las dos son contradictorias y que la gracia ha ganado de alguna manera la disputa y ha sustituido a la Torá.

La palabra griega que se traduce como "gracia" en el idioma español es "charis" (χάριν). La palabra "charis" (χάριν) es donde derivamos palabras tales como "carisma" y "caridad." En general, se asocia con encanto o belleza. En las culturas helenísticas estas palabras se asociaron e idealizaron con diosas conocidas comúnmente como las "Tres Gracias." De acuerdo a la enciclopedia Wikipedia: "Las Caridades, son figuras de la mitología griega conocidas como 'Las Tres Gracias.' En la mitología griega, una Charis es una de las varias Caridades (Χάριτες; griego: 'Gracias'), diosas del encanto, la belleza, la naturaleza, la creatividad humana y la fertilidad. Ellos normalmente señalan tres, de menor a mayor: Aglaea (Belleza), Eufrosina (Alegría), y Talía (buena alegría). En la mitología romana eran conocidas como la Gratiae."

La palabra hebrea que se traduce a menudo en las biblias en español como "gracia" es "hen" (חֵן). La palabra "hen" (חֵן) significa "belleza" o "hermosura." La palabra hebrea que refleja con mayor precisión la comprensión cristiana de la "gracia" es "hesed" (חשר) que significa "bondad" o "amabilidad," aunque por lo general se traduce en español como "misericordia." Así que se puede ver que la palabra "gracia" tiene diversos orígenes y usos, y el contexto original del hebreo no se ha representado necesariamente de manera adecuada mediante el uso de la palabra "gracia." Esto puede conducir a un pensamiento de que había poca "gracia" o ninguna presente en las Escrituras hebreas, cuando, de hecho, חֶסֶד (hesed) se encuentra 274 veces, mientras que חֵן (hen) se encuentra sólo 69 veces.

El Diccionario Bíblico de Nelson define la gracia como: "Favor o bondad mostrado sin tener en cuenta el valor o mérito de la persona que lo recibe y, a pesar de lo que se merece esa misma persona. La gracia es uno de los principales atributos de [Elohim]. [YHWH Elohim] es "misericordioso y piadoso; tardo para la ira, y grande en misericordia y verdad" (Shemot 34:6). Por lo tanto, la gracia se asocia casi siempre con la misericordia, el amor, la compasión y la paciencia como la fuente de ayuda y con la liberación de la angustia. En el [Tanak], un excelente ejemplo de la gracia era la redención del pueblo hebreo de Egipto y su establecimiento en la tierra prometida. Esto no sucedió por algún mérito por parte de Yisrael, sino que sucedió a pesar de su maldad (Debarim 9:5-6). Aunque la gracia de [Elohim] es siempre gratis e inmerecida, no debe darse por un hecho. La gracia solamente se disfruta en el pacto - el don es dado por [Elohim], y el don se recibe por el hombre a través del arrepentimiento y la fe (Amós 5:15). La gracia es buscar humildemente a través de la oración de fe (Malaquías 1:9). La gracia de [Elohim] fue supremamente revelada y dada en la persona y obra de [Yahushua el Mesías]. [Yahushua] no sólo fue el beneficiario de la gracia [de Elohim] (Lucas 2:40), sino que también fue su encarnación (Yahanan 1:14), llevándola a la humanidad para salvación (Tito 2:11). Por su muerte y resurrección, [Yahushua] restauró la comunión rota entre Elohim y su pueblo, tanto Judío como Gentil.[101]

Esta es una definición bastante completa y exacta, aunque no todos los comentarios bíblicos cristianos son tan buenos. Lea la siguiente definición de la gracia de otro comentario:

GRACIA - la salvación por la gracia en el Nuevo Testamento se opone a una doctrina del Antiguo Testamento de la salvación por obras (Romanos 4:4; 11:6), o lo que es lo mismo, por la ley. [102]

Lamentablemente, este comentario es absolutamente falso - Yisrael nunca fue salvo por su obediencia a la Torá. Si bien se les contaba por justicia guardar la Torá (Debarim 6:25), ellos nunca fueron justificados por sus obras. De hecho, pocas personas se dan cuenta de que el sistema de sacrificio del templo sólo proporcionaba la expiación por el pecado no intencional. No hay un sacrificio especificado por el pecado intencional fuera de la misericordia de YHWH.

Interesantemente, cuando se nos proporciona esta información, en las Escrituras se nos dice que la Torá es la misma para el nativo como para el extranjero que habita en la asamblea. *"[14] Y cuando habitare con vosotros extranjero, o cualquiera que estuviere entre vosotros por vuestras generaciones, si hiciere ofrenda encendida de olor grato a YHWH, **como vosotros hiciereis, así hará él**. [15] Un mismo estatuto tendréis vosotros de la congregación y el extranjero que con vosotros mora; será estatuto perpetuo por vuestras generaciones; como vosotros, así será el extranjero delante de YHWH. [16] Una misma Torá y un mismo decreto tendréis, vosotros y el extranjero que con vosotros mora."* Bemidbar 15:14-16.

Un poco más adelante en la misma porción de la Escritura se nos dice: *"El nacido entre los hijos de Yisrael, y el extranjero que habitare entre ellos, una misma Torá tendréis para el que hiciere algo por yerro."* Bemidbar 15: 29.

Por lo tanto, siempre se entendió que la Torá era para todas las personas que deseaban morar con YHWH y la obediencia a la Torá no trajo la salvación, porque estaba la cuestión no resuelta del pecado intencional que lleva a la muerte. También se entendía que necesitábamos el favor inmerecido - hesed - del Todopoderoso para vivir - que se conoce comúnmente como la gracia.

Es a través de la gracia del Todopoderoso que se nos ofrece el regalo de la vida eterna. Este favor inmerecido ocurrió de algo que YHWH hizo - no había nada que pudiéramos hacer para ganarlo. Así como Él puso a Abram a dormir cuando se hizo el pacto y así como Él mostró que proporcionaría el carnero - Él es el que lo hizo todo.

No hay nada que la observancia de la Torá pueda hacer para ganar ese regalo. Lo que se requiere es la misma fe que Abraham demostró. Tenemos que creer en las promesas de YHWH - las promesas que Él presentó a través de su pacto - y tenemos que demostrar nuestra creencia a través de nuestras acciones. *"Porque como el cuerpo sin espíritu está muerto, así también la fe sin obras está muerta."* Yaakob 2:26.

La pregunta que queda es: ¿qué hacemos una vez que recibimos el don y entramos en el pacto renovado? Nuestra respuesta, como ya hemos visto, debe ser entonces la obediencia a la Torá. Como ve, la gracia y la Torá operan juntos en perfecta armonía. La Torá nos muestra que necesitamos favor y una vez que recibimos el don dado gratuitamente debemos andar naturalmente en los caminos de la Torá como una expresión de nuestro amor y aprecio.

Tristemente el paradigma de que la Torá y la gracia se oponen entre sí se ha perpetuado por innumerables libros, sermones y comentarios, así como traducciones bíblicas erróneas.

La gracia no es un concepto nuevo introducido en las Escrituras mesiánicas - es evidente desde el principio de la creación. El hecho de que fuimos creados y se nos fue dado el soplo de la vida es el máximo acto de belleza y bondad proporcionado por el Creador. Luego Él le dio al hombre dominio sobre la creación - de nuevo la gracia. De hecho, una vez que usted cambia su paradigma heredado, encontrará gracia en todo el Tanak.

Esto es evidente a partir de la vida de hombres como Noé y Abraham. Ellos creyeron en las promesas de YHWH. Ellos pusieron su fe y confianza en YHWH - su fe fue contada como justicia - y su obediencia los llevó a ser bendecidos. Las Escrituras registran que: *"Noé halló gracia ante los ojos de YHWH"* (Beresheet 6:8) y su obediencia llevó a la liberación y a la salvación de la humanidad. Él le creyó a YHWH y actuó sobre las instrucciones que lo salvaron a él y a su familia del juicio. ¿Podría ser esto más claro?

La fe de Abraham fue contada por justicia y él es conocido por su vida de obediencia. (Beresheet 15: 6). Las Escrituras también registran que la observancia de Yisrael de los mandamientos de YHWH y su temor de YHWH fue contado por justicia para ellos; lo cual señalan fe y creencia. *"^{24} Y nos mandó YHWH que cumplamos todos estos estatutos, y que temamos a YHWH nuestro Elohim, para que nos vaya bien todos los días, y para que nos conserve la vida, como hasta hoy. ^{25} Y tendremos justicia cuando cuidemos de poner por obra todos estos mandamientos delante de YHWH nuestro Elohim, como él nos ha mandado."* Debarim 6:24-25.

Mosheh vio la gracia como una especie de requisito previo para conocer los caminos de YHWH que le permitió conocer al Todopoderoso. *"^{13} Ahora, pues, si he hallado gracia en Tus ojos, te ruego que me muestres ahora Tu camino, para que te conozca, y halle gracia en Tus ojos; y mira que esta gente es pueblo tuyo. ^{14} Y él dijo: Mi* *presencia irá contigo, y te daré descanso."* Shemot 33:12-14.

Este debe ser nuestro anhelo también. Mosheh pidió gracia y recibió la Presencia de YHWH y su reposo. Leemos también: *"⁸ Entonces Mosheh, apresurándose, bajó la cabeza hacia el suelo y adoró. ⁹ Y dijo: Si ahora, Adonai, he hallado gracia en tus ojos, vaya ahora Adonai en medio de nosotros; porque es un pueblo de dura cerviz; y <u>perdona nuestra iniquidad y nuestro pecado, y tómanos por tu heredad</u>."* Shemot 34:8-9.

El estar encapsulado en estas peticiones es lo que cada persona debería desear porque esto es lo que el Mesías llevó a cabo. Él vino con la verdad de la Torá, así como con la gracia, que nos introduce en el pacto renovado. A través de la obra del Mesías tenemos el Espíritu y tenemos descanso, nuestros pecados son perdonados y YHWH nos ha tomado como su herencia.

Tristemente, la gracia ha sido tratada como algo diametralmente opuesto a la Torá, lo cual es un grave error. Sin la Torá como fundamento, la gracia se ha convertido en una licencia para pecar para muchos. La Torá proveyó el marco en el que la humanidad estaba destinada a vivir. La palabra jardín en hebreo es gan (גן), que se refiere específicamente a un lugar que está cercado o protegido. Por lo tanto, cuando la humanidad vivía en el jardín, estaba viviendo dentro de los límites de la Torá.

Desde la transgresión en el jardín y la expulsión de Adán y Hawah, todos necesitamos favor para restaurarnos a una relación correcta con nuestro Creador por lo tanto - la gracia es el punto de partida de nuestro viaje de la restauración. Vuelve a abrir la puerta de entrada al jardín que una vez fue cerrada a la humanidad. Es por la gracia que podemos llegar a ser limpios de nuestros pecados y esforzarnos bajo una vida de obediencia a la Torá, no al revés. La Torá nos enseña cómo caminar y ser bendecidos por el favor de Elohim, pero muchos se pierden de esas bendiciones porque están caminando fuera de la cobertura de protección del huerto - fuera de la Torá - fuera del pacto.

13
Bendiciones y Maldiciones

Las Escrituras detallan en un gran parte el deseo de YHWH de encontrar a un pueblo que fuera obediente a sus caminos. Es su deseo y requerimiento que los que están en su casa respeten y obedezcan sus reglas. Aquellos que llevan su nombre están sujetos a sus instrucciones así como cualquier niño obedece a sus padres.

Las reglas de mi casa no definen la relación con mis hijos. Mi hija es mi hija y mi hijo sigue siendo mi hijo no sin importar qué pase. Nada va a cambiar el hecho de que los amo inmensamente y nada cambiaría el hecho de que son mis hijos. Dicho esto, si ellos simplemente se niegan a obedecer las reglas de mi casa - vamos a tener un problema. Si ellos se niegan a obedecer mis reglas y tratan de traer cosas sucias, repulsivas o abominables en mi casa, eso no será tolerado. La desobediencia a las reglas de mi casa resultará en castigo.

Contamos con estas relaciones tangibles para que podamos entender mejor a nuestro Creador. Este ejemplo práctico debería ayudarnos a entender mejor cómo debemos mirar la Torá. No se trata sólo de un montón de normas que pretendían hacer nuestras vidas miserables o ponernos en esclavitud. Más bien, el objetivo es ponernos en línea con la voluntad de nuestro Padre Celestial perfecto y santo, para que podamos vivir con Él en abundancia y paz.

Las Escrituras están llenas con la promesa de las bendiciones que siguen a la obediencia aunque nunca dicen que la obediencia trae la salvación y, como se mencionó anteriormente, Yisrael nunca fue salvo por la obediencia a la Torá. Si bien la Torá trajo la provisión para la expiación de la violación involuntaria de la Torá a través del sacrificio de ciertos animales, esos sacrificios nunca pudieron ofrecer expiación por la desobediencia voluntaria. (Bemidbar 15: 29-31).

El pecado intencional requería la muerte del delincuente y el perdón por desobediencia desafiante intencional requería una ofrenda de sacrificio mayor que sólo un redentor puede proporcionar. Por lo tanto, la obediencia siempre estaba asociada con promesas de bendiciones, no con la salvación, aunque la salvación está conectado a la Torá en que una persona que es salva también debería ser obediente a la Torá. ¿Cómo puede usted realmente demostrar que cree cuando usted se niega a obedecer las instrucciones de quien le salvó? ¿Aceptaría usted Su regalo y luego rechazaría sus caminos? Observe el nexo: *"La salvación está lejos de los impíos, porque ellos no buscan tus decretos."* Tehillim 119:155 NVI. Los malvados son siempre aquellos que desobedecen la Verdad.

En contraste, algunas sectas del cristianismo de hoy en día enseñan incorrectamente que la fe produce la bendición. La enseñanza en general, lleva a la gente a creer que si sólo tienen suficiente fe serán sanados, experimentarán la abundancia, la prosperidad, etc. El problema es que tratan la fe como un concepto etéreo, sin definición o sustancia.

Las Escrituras definen la fe como: *"[1]. . . la certeza de lo que se espera, la convicción de lo que no se ve.. . .[3] Por la fe entendemos haber sido constituido el universo por la palabra de Elohim, de modo que lo que se ve fue hecho de lo que no se veía."* Ibrim 11: 1-3. Nuestra fe debe venir de una creencia en nuestro Elohim y las promesas que Él nos ha hecho a través de Su palabra. Esas promesas, en gran parte, se encuentran dentro de la Torá y los profetas. YHWH promete muchas bendiciones si obedecemos y por lo tanto nuestra obediencia es un ejercicio de la fe la cual trae consigo esas bendiciones. Cuando actuamos sobre esas promesas, eso hace nuestra fe evidente y tangible, porque somos capaces de atestiguar los resultados de nuestra fe. Cualquier otro medio para evocar la fe es contrario a las Escrituras.

Las Escrituras nos advierten específicamente: *"³² Mirad, pues, que hagáis como YHWH vuestro Elohim os ha mandado; no os apartéis a diestra ni a siniestra. ³³ Andad en todo el camino que YHWH vuestro Elohim os ha mandado, **para que viváis y os vaya bien, y tengáis largos días en la tierra que habéis de poseer.**"* Debarim 5: 32-33. Estas promesas se hacen extensivas a los gentiles que se vuelven a YHWH y se unen a la alianza como leemos: *"⁴ Porque así dijo YHWH: A los eunucos que guarden mis Shabats, y escojan lo que yo quiero, y abracen mi pacto, ⁵ yo les daré lugar en mi casa y dentro de mis muros, y nombre mejor que el de hijos e hijas; nombre perpetuo les daré, que nunca perecerá. ⁶ Y a los hijos de los extranjeros que sigan a YHWH para servirle, y que amen el nombre de YHWH para ser sus siervos; <u>a todos los que guarden el Shabat para no profanarlo, y abracen mi pacto.</u>"* Yeshayahu 56:4-6. Los siervos obedecen a su Amo, por lo tanto cualquier persona que obedece a YHWH puede recibir sus bendiciones y las promesas de su pacto.

*"²⁴ Y nos mandó YHWH que cumplamos todos estos estatutos, y que temamos a YHWH nuestro Elohim, **para que nos vaya bien todos los días, y para que nos conserve la vida**, como hasta hoy. ²⁵ Y tendremos justicia cuando*

cuidemos de poner por obra todos estos mandamientos delante de YHWH nuestro Elohim, como él nos ha mandado." Debarim 6:24-25 Note que es por nuestro propio bien que obedezcamos los mandamientos y se considera justicia proteger (shamar) y hacer los mandamientos de YHWH. *"En esto se manifiestan los hijos de Elohim, y los hijos del diablo: todo aquel que no hace justicia, y que no ama a su hermano, no es de Elohim."* 1 Yahanan 3:10. Del mismo modo, todo aquel que si práctica la justicia al obedecer los mandamientos es un hijo de Elohim, asi es como ellos mismos se manifiestan.

La obediencia también tiene muchas otras bendiciones - aquí hay algunas Escrituras que las detallan. *" ⁵ Ahora, pues, si diereis oído a mi voz, y guardareis mi pacto, **vosotros seréis mi especial tesoro sobre todos los pueblos; porque mía es toda la tierra. ⁶ Y vosotros me seréis un reino de sacerdotes, y gente santa.** Estas son las palabras que dirás a los hijos de Yisrael."* Shemot 19: 5-6.

*"¹⁷ Guardad (shamar) cuidadosamente los mandamientos de YHWH vuestro Elohim, y sus testimonios y sus estatutos que te ha mandado. ¹⁸ <u>Y haz lo recto y bueno ante los ojos de YHWH</u>, **para que te vaya bien, y entres y poseas la buena tierra que YHWH juró a tus padres; ¹⁹ para que él arroje a tus enemigos de delante de ti, como YHWH ha dicho."* Debarim 6:17-19.

*"⁸ Nunca se apartará de tu boca este libro de la Torá, sino que de día y de noche meditarás en él, para que <u>guardes y hagas conforme a todo lo que en él está escrito</u>; porque entonces **harás prosperar tu camino, y todo te saldrá bien**. ⁹ Mira que te mando que te esfuerces y seas valiente; no temas ni desmayes, porque YHWH tu Elohim estará contigo en dondequiera que vayas."* Yahushua 1:8-9

"¹ Bienaventurado el varón que no anduvo en consejo de malos, ni estuvo en camino de pecadores, ni en

silla de escarnecedores se ha sentado; ² *sino que en la Torá de YHWH está su delicia, Y en su Torá medita de día y de noche.* ³ **Será como árbol plantado junto a corrientes de aguas, que da su fruto en su tiempo, y su hoja no cae; y todo lo que hace, prosperará."** Tehillim 1:1-3.

Esto suena muy parecido a un árbol al que hace referencia el Mesías, uno que se planta por el Río de la Vida que lleva doce frutos diferentes, cada uno a su tiempo para la sanidad de las naciones. (Apocalipsis 22: 1-2). Este árbol descrito por el Mesías es el árbol de la vida y la bendición final por la obediencia es comer del árbol de la vida y entrar en las puertas de la Yahrushalayim Renovada. *"*¹⁴ **Bienaventurados los que hacen sus mandamientos, para que su potencia sea en el árbol de la vida, y que entren por las puertas en la Ciudad.** ¹⁵ *Mas los perros estarán fuera, y los hechiceros, y los que cometen inmoralidades sexuales, y los homicidas, y los idólatras, y cualquiera que ama y hace mentira."* Apocalipsis 22:14-15 RVA. Todos los que están fuera son inicuos y ellos están separados de YHWH.

Debarim 28 detalla específicamente las bendiciones que siguen la obediencia:

"¹Acontecerá que si oyeres atentamente la voz de YHWH tu Elohim, para guardar y poner por obra todos sus mandamientos que yo te prescribo hoy, también YHWH tu Elohim te exaltará sobre todas las naciones de la tierra. ² Y vendrán sobre ti todas estas bendiciones, y te alcanzarán, si oyeres la voz de YHWH tu Elohim. ³ *Bendito serás tú en la ciudad, y bendito tú en el campo.* ⁴ *Bendito el fruto de tu vientre, el fruto de tu tierra, el fruto de tus bestias, la cría de tus vacas y los rebaños de tus ovejas.* ⁵ *Benditas serán tu canasta y tu artesa de amasar.* ⁶ *Bendito serás en tu entrar, y bendito en tu salir.* ⁷ *YHWH derrotará a tus enemigos que se levantaren contra ti; por un camino saldrán contra ti, y*

por siete caminos huirán de delante de ti. ⁸ YHWH te enviará su bendición sobre tus graneros, y sobre todo aquello en que pusieres tu mano; y te bendecirá en la tierra que YHWH tu Elohim te da. ⁹ Te confirmará YHWH por pueblo santo suyo, como te lo ha jurado, <u>cuando guardares (shamar) los mandamientos de YHWH tu Elohim, y anduvieres en sus caminos.</u> ¹⁰ Y verán todos los pueblos de la tierra que el nombre de YHWH es invocado sobre ti, y te temerán. ¹¹ Y te hará YHWH sobreabundar en bienes, en el fruto de tu vientre, en el fruto de tu bestia, y en el fruto de tu tierra, en el país que YHWH juró a tus padres que te había de dar. ¹² Te abrirá YHWH su buen tesoro, el cielo, para enviar la lluvia a tu tierra en su tiempo, y para bendecir toda obra de tus manos. Y prestarás a muchas naciones, y tú no pedirás prestado. ¹³ Te pondrá YHWH por cabeza, y no por cola; y estarás encima solamente, y no estarás debajo, <u>si obedecieres los mandamientos de YHWH tu Elohim, que yo te ordeno hoy, para que los guardes y cumplas,</u> ¹⁴ y si no te apartares de todas las palabras que yo te mando hoy, ni a diestra ni a siniestra, para ir tras dioses ajenos y servirles." Debarim. 28:1-14.

    La confusión en el cristianismo comienza con la creencia errónea de que, dado que estas promesas eran del "Antiguo Testamento" entonces estaban destinadas sólo para "los judíos." La fe cristiana es que "los judíos" estaban bajo la Torá, mientras que los cristianos están bajo la gracia. Como resultado, vemos a la mayoría de la cristiandad creyendo que no tienen que obedecer la Torá de YHWH. Como resultado, muchos terminan viviendo en un estado de iniquidad que los conduce a no sólo perderse la bendición, sino también a potencialmente caer bajo una maldición. A los cristianos les gusta hablar, oír, leer y reclamar las bendiciones que se encuentran en las Escrituras, pero ellos no se dan cuenta que a menudo hay condiciones para recibir una bendición. Lo mismo es válido para la recepción de una maldición.

"*²⁶ He aquí yo pongo hoy delante de vosotros la bendición y la maldición: ²⁷ <u>la bendición, si oyereis los mandamientos de YHWH vuestro Elohim, que yo os prescribo hoy,</u> ²⁸ y la maldición, si no oyereis los mandamientos de YHWH vuestro Elohim, y os apartareis del camino que yo os ordeno hoy, para ir en pos de dioses ajenos que no habéis conocido."* Debarim 11:26-28.

Las maldiciones también se describen claramente en la Escritura de la siguiente manera:

"¹⁵ Pero acontecerá, <u>si no oyeres la voz de YHWH tu Elohim, para procurar cumplir todos sus mandamientos y sus estatutos que yo te intimo hoy, que vendrán sobre ti todas estas maldiciones, y te alcanzarán.</u> ¹⁶ Maldito serás tú en la ciudad, y maldito en el campo. ¹⁷ Maldita tu canasta, y tu artesa de amasar. ¹⁸ Maldito el fruto de tu vientre, el fruto de tu tierra, la cría de tus vacas, y los rebaños de tus ovejas. ¹⁹ Maldito serás en tu entrar, y maldito en tu salir. ²⁰ Y YHWH enviará contra ti la maldición, quebranto y asombro en todo cuanto pusieres mano e hicieres, hasta que seas destruido, y perezcas pronto a causa de la maldad de tus obras por las cuales me habrás dejado. ²¹ YHWH traerá sobre ti mortandad, hasta que te consuma de la tierra a la cual entras para tomar posesión de ella. ²² YHWH te herirá de tisis, de fiebre, de inflamación y de ardor, con sequía, con calamidad repentina y con añublo; y te perseguirán hasta que perezcas. ²³ Y los cielos que están sobre tu cabeza serán de bronce, y la tierra que está debajo de ti, de hierro. ²⁴ Dará YHWH por lluvia a tu tierra polvo y ceniza; de los cielos descenderán sobre ti hasta que perezcas. ²⁵ YHWH te entregará derrotado delante de tus enemigos; por un camino saldrás contra ellos, y por siete caminos huirás delante de ellos; y serás vejado por todos los reinos de la tierra. ²⁶ Y tus cadáveres servirán de comida a toda ave del cielo y fiera de la tierra, y no habrá quien las espante. ²⁷

YHWH te herirá con la úlcera de Egipto, con tumores, con sarna, y con comezón de que no puedas ser curado. ²⁸ *YHWH te herirá con locura, ceguera y turbación de espíritu;* ²⁹ *y palparás a mediodía como palpa el ciego en la oscuridad, y no serás prosperado en tus caminos; y no serás sino oprimido y robado todos los días, y no habrá quien te salve.* ³⁰ *Te desposarás con mujer, y otro varón dormirá con ella; edificarás casa, y no habitarás en ella; plantarás viña, y no la disfrutarás.* ³¹ *Tu buey será matado delante de tus ojos, y tú no comerás de él; tu asno será arrebatado de delante de ti, y no te será devuelto; tus ovejas serán dadas a tus enemigos, y no tendrás quien te las rescate.* ³² *Tus hijos y tus hijas serán entregados a otro pueblo, y tus ojos lo verán, y desfallecerán por ellos todo el día; y no habrá fuerza en tu mano.* ³³ *El fruto de tu tierra y de todo tu trabajo comerá pueblo que no conociste; y no serás sino oprimido y quebrantado todos los días.* ³⁴ *Y enloquecerás a causa de lo que verás con tus ojos.* ³⁵ *Te herirá YHWH con maligna pústula en las rodillas y en las piernas, desde la planta de tu pie hasta tu coronilla, sin que puedas ser curado.* ³⁶ *YHWH te llevará a ti, y al rey que hubieres puesto sobre ti, a nación que no conociste ni tú ni tus padres; y allá servirás a dioses ajenos, al palo y a la piedra.* ³⁷ *Y serás motivo de horror, y servirás de refrán y de burla a todos los pueblos a los cuales te llevará YHWH.* ³⁸ *Sacarás mucha semilla al campo, y recogerás poco, porque la langosta lo consumirá.* ³⁹ *Plantarás viñas y labrarás, pero no beberás vino, ni recogerás uvas, porque el gusano se las comerá.* ⁴⁰ *Tendrás olivos en todo tu territorio, mas no te ungirás con el aceite, porque tu aceituna se caerá.* ⁴¹ *hijos e hijas engendrarás, y no serán para ti, porque irán en cautiverio.* ⁴² *Toda tu arboleda y el fruto de tu tierra serán consumidos por la langosta.* ⁴³ *El extranjero que estará en medio de ti se elevará sobre ti muy alto, y tú descenderás muy abajo.* ⁴⁴ *El te prestará a ti, y tú no le prestarás a él; él será por cabeza, y tú serás por cola.* ⁴⁵ <u>*Y vendrán sobre ti todas estas maldiciones, y te*</u>

perseguirán, y te alcanzarán hasta que perezcas; por cuanto no habrás atendido a la voz de YHWH tu Elohim, para guardar sus mandamientos y sus estatutos, que él te mandó; ⁴⁶ *y serán en ti por señal y por maravilla, y en tu descendencia para siempre.* ⁴⁷ *Por cuanto no serviste a YHWH tu Elohim con alegría y con gozo de corazón, por la abundancia de todas las cosas,* ⁴⁸ *servirás, por tanto, a tus enemigos que enviare YHWH contra ti, con hambre y con sed y con desnudez, y con falta de todas las cosas; y él pondrá yugo de hierro sobre tu cuello, hasta destruirte.* ⁴⁹ *YHWH traerá contra ti una nación de lejos, del extremo de la tierra, que vuele como águila, nación cuya lengua no entiendas;* ⁵⁰ *gente fiera de rostro, que no tendrá respeto al anciano, ni perdonará al niño;* ⁵¹ *y comerá el fruto de tu bestia y el fruto de tu tierra, hasta que perezcas; y no te dejará grano, ni mosto, ni aceite, ni la cría de tus vacas, ni los rebaños de tus ovejas, hasta destruirte.* ⁵² *Pondrá sitio a todas tus ciudades, hasta que caigan tus muros altos y fortificados en que tú confías, en toda tu tierra; sitiará, pues, todas tus ciudades y toda la tierra que YHWH tu Elohim te hubiere dado.* ⁵³ *Y comerás el fruto de tu vientre, la carne de tus hijos y de tus hijas que YHWH tu Elohim te dio, en el sitio y en el apuro con que te angustiará tu enemigo.* ⁵⁴ *El hombre tierno en medio de ti, y el muy delicado, mirará con malos ojos a su hermano, y a la mujer de su seno, y al resto de sus hijos que le quedaren;* ⁵⁵ *para no dar a alguno de ellos de la carne de sus hijos, que él comiere, por no haberle quedado nada, en el asedio y en el apuro con que tu enemigo te oprimirá en todas tus ciudades.* ⁵⁶ *La tierna y la delicada entre vosotros, que nunca la planta de su pie intentaría sentar sobre la tierra, de pura delicadeza y ternura, mirará con malos ojos al marido de su seno, a su hijo, a su hija,* ⁵⁷ *al recién nacido que sale de entre sus pies, y a sus hijos que diere a luz; pues los comerá ocultamente, por la carencia de todo, en el asedio y en el apuro con que tu enemigo te oprimirá en tus ciudades.* ⁵⁸ *Si no cuidares de poner por obra (shamar)*

todas las palabras de esta ley que están escritas en este libro, temiendo este nombre glorioso y temible: YHWH TU ELOHIM, [59] entonces YHWH aumentará maravillosamente tus plagas y las plagas de tu descendencia, plagas grandes y permanentes, y enfermedades malignas y duraderas; [60] y traerá sobre ti todos los males de Egipto, delante de los cuales temiste, y no te dejarán. [61] Asimismo toda enfermedad y toda plaga que no está escrita en el libro de esta ley, YHWH la enviará sobre ti, hasta que seas destruido. [62] Y quedaréis pocos en número, en lugar de haber sido como las estrellas del cielo en multitud, por cuanto no obedecisteis a la voz de YHWH tu Elohim. [63] Así como YHWH se gozaba en haceros bien y en multiplicaros, así se gozará YHWH en arruinaros y en destruiros; y seréis arrancados de sobre la tierra a la cual entráis para tomar posesión de ella. [64] Y YHWH te esparcirá por todos los pueblos, desde un extremo de la tierra hasta el otro extremo; y allí servirás a dioses ajenos que no conociste tú ni tus padres, al leño y a la piedra. [65] Y ni aun entre estas naciones descansarás, ni la planta de tu pie tendrá reposo; pues allí te dará YHWH corazón temeroso, y desfallecimiento de ojos, y tristeza de alma; [66] y tendrás tu vida como algo que pende delante de ti, y estarás temeroso de noche y de día, y no tendrás seguridad de tu vida. [67] Por la mañana dirás: ¡Quién diera que fuese la tarde! y a la tarde dirás: ¡Quién diera que fuese la mañana! por el miedo de tu corazón con que estarás amedrentado, y por lo que verán tus ojos. [68] Y YHWH te hará volver a Egipto en naves, por el camino del cual te ha dicho: Nunca más volverás; y allí seréis vendidos a vuestros enemigos por esclavos y por esclavas, y no habrá quien os compre."
Debarim 28:15-68.

Sé que este era un pasaje largo, pero espero que se tomara el tiempo para leer todas las maldiciones asociadas a la desobediencia. Las maldiciones son extensas y específicas lo cual viene a demostrar que esto es un asunto serio. De nuevo, a este punto, puedo oír el argumento estándar de muchos dispensacionalistas que levantará la objeción de que YHWH estaba hablando a Yisrael - no a la iglesia. Esto, por supuesto, es correcto porque no existía tal cosa como "la iglesia" y que no existía tal cosa como el cristianismo, cuando estas palabras fueron pronunciadas.

La única "llamada asamblea" (qahal) que estaba presente en la Tierra que fue apartada para servir a YHWH era Yisrael y todo extranjero, extraño o forastero que se unió con ellos. En ese momento en el tiempo, estas fueron las personas a las que YHWH dio sus mandamientos. Hoy en día, si una persona decide creer en Yahushua, el Mesías hebreo, y seguir al Elohim de Yisrael, él o ella es adoptado(a) en la asamblea apartada, o "injertado." Se convierten en parte del pacto que los hace elegibles para recibir las bendiciones, así como las maldiciones. Échele un vistazo y examine las maldiciones y vea si no son frecuentes en la actualidad. Ahora pregúntese si usted desea estas maldiciones sobre usted y su familia - incluso tal vez ahora usted esté experimentando algunas de ellas. Una vez que una persona toma la decisión de seguir a YHWH, está sujeta a las bendiciones y las maldiciones que le promete a su pueblo.

Ahora, yo sé que YHWH es misericordioso y mientras que muchos de sus hijos son ignorantes, puede que no estén experimentando las maldiciones asociadas con su desobediencia, porque no es una desobediencia voluntariosa y decidida. Hablo por experiencia porque yo cometí errores a mi manera con sus mandamientos la mayor parte de mi existencia cristiana y sé que Él fue misericordioso conmigo. Sin embargo, en última instancia, no es Su deseo que sus hijos permanezcan en la ignorancia - Él quiere que nos arrepintamos. (Ver Hechos 17:30). Si usted está leyendo este libro y las cosas están empezando a aclararse con respecto a la Torá, entonces Él está siendo misericordioso con usted también, y es tiempo de arrepentirse. Con el tiempo, todos los que han desobedecido serán castigados, sea que haya sido o no por ignorancia - la única diferencia será el número de azotes que reciban. (Lucas 12:47-48).

14
El Cristianismo y la Torá

Creciendo en una denominación protestante importante, nadie me enseñó cómo vivir una vida de obediencia y realmente nunca maduré mucho en mi caminar espiritual. Llega un momento en que cada niño necesita crecer y es hora de que los creyentes crezcan y se mueven hacia la plenitud de las promesas y bendiciones de YHWH.

Las siguientes palabras son tan relevantes hoy como cuando fueron escritas a la asamblea primitiva. *"¹² Porque debiendo ser ya maestros, después de tanto tiempo, tenéis necesidad de que se os vuelva a enseñar cuáles son los primeros rudimentos de las palabras de Elohim; y habéis llegado a ser tales que tenéis necesidad de leche, y no de alimento sólido. ¹³ Y todo aquel que participa de la leche es inexperto en la palabra de justicia, porque es niño; ¹⁴ pero el alimento sólido es para los que han alcanzado madurez, para los que por el uso tienen los sentidos ejercitados en el discernimiento del bien y del mal."* Ibrim. 5:12-14.

En otras palabras, hasta que usted no crezca no estará listo para aprender sobre cómo vivir en rectitud. Esto es consistente con las directrices del concilio de Yahrushalayim que leemos en Hechos 15 y por desgracia, este es el estado actual de gran parte de la religión cristiana en general. La mayoría de los creyentes están siendo alimentados con leche. Semana tras semana oyen los mismos sermones temáticos y reciben las mismas llamadas al "altar,"[103] pero rara vez reciben alimentos sólidos para una vida recta para que puedan crecer.[104] Repetidamente, en los titulares, leemos acerca de "líderes" cristianos que caen en el pecado y el escándalo, ya que, después de haber rechazado o ignorado la Torá, carecen de una base sólida y estándar de rectitud en sus vidas.

La Torá es acerca de una vida y conducta recta. Tiene el propósito de capacitar a una nación de sacerdotes. ***Cada ser humano es una creación de YHWH, pero sólo aquellos que practican la justicia por medio de la obediencia son llamados los hijos de Elohim***. Si usted es un hijo de Elohim, entonces usted se ha convertido en un miembro de la casa de YHWH y necesita vivir de acuerdo con "las reglas de la casa." Estas reglas son para nuestro propio bien, para que la Familia de Elohim pueda vivir junta en armonía y de una manera que sea agradable a YHWH. El rechazo de la Torá por el cristianismo convencional es, probablemente, la mayor razón de la división y la desunión que se encuentra en la "iglesia." La familia no puede estar de acuerdo y llevarse bien porque no sigue las reglas.

La noción de que Yahushua, mediante el cumplimiento de la Torá se deshizo de la Torá, es algo que se propaga comúnmente en la comunidad cristiana, aunque es totalmente contradictorio con el plan y el propósito de YHWH como se ve a través de la revelación progresiva contenida en las Escrituras. Como ya comentamos, la Torá no comenzó con los Yisraelitas, aunque Mosheh fue la primera persona que sabemos que codificó, por escrito, las instrucciones de YHWH para esta llamada asamblea.

Es fácil mirar que muchos aspectos de la Torá eran conocidos por los hombres y fueron muy probablemente conocidos por Adán. Después de todo, él caminó y conversó con YHWH. Es un hecho que YHWH le dio instrucciones a Adán (por ejemplo, come de este árbol, no comas de ese árbol). Es una suposición muy segura que YHWH también dio instrucciones a Adán para la vida las cuales él transmitió a su descendencia por más de 900 años. Un buen ejemplo de este hecho se proporciona en la historia de Caín (Qayin) y Abel (Hebel). Hebel dio ofrendas a YHWH - él dio de los primeros frutos de sus rebaños, de acuerdo con las directivas de YHWH. Qayin también dio ofrendas pero no dio sus primeros frutos. Él dio una ofrenda inaceptable que fue desagradable a YHWH. Ambos fueron, obviamente, instruidos en la entrega de ofrendas y Hebel eligió la obediencia que resultó en la aceptación delante de YHWH, mientras que Qayin escogió la desobediencia lo cual resultó que su ofrenda fuera rechazada. (Beresheet 4:3-7).

Noé fue considerado justo delante de YHWH en su generación (Beresheet 7: 1). Vivía en un mundo violento y corrupto, pero él se mantuvo apartado del pecado que le rodeaba. Él caminó con Elohim (Beresheet 6: 9) y fue aceptado por YHWH lo que significa que fue obediente. El estado de justicia de Noé habría sido atribuido directamente a su manera recta de vivir de acuerdo con las directivas de YHWH aunque ningún hombre era capaz de vivir una vida completamente perfecta. Por lo tanto, nadie nunca cumplió la Torá sin culpa hasta que el Verbo se hizo carne.

En cuanto a la observancia de la Torá y nuestra capacidad para obedecer toda la Torá, hay un aspecto de sentido común que debe ser reconocido. Si un mandamiento se refiere a una mujer y usted es un hombre, entonces, obviamente, usted no necesita obedecerlo. Creo que la mayoría de la gente encontraría que gran parte de la Torá es sencilla y fácil de entender. Con un poco de estudio y oración, cualquier cristiano podría empezar a ser observante de la Torá en muy poco tiempo. Yo sugeriría revisar Hechos 15 y hacer exactamente lo que fue señalado - empezar con lo básico e ir por el ciclo de la Torá. Comience el estudio de la Torá y camine en la verdad a medida que aplique a sus circunstancias.

En respuesta a esta sugerencia alguien podría preguntarse: ¿Qué pasa con los mitzvot relacionados al Servicio del templo y los sacerdotes? ¿Cómo podemos obedecer esos mitzvot cuando el templo ha sido destruido y no hay sacerdocio levítico que funcione? Esta es una buena pregunta y la respuesta es más simple de lo que parece y ha sido dada a nosotros en las Escrituras.

"*⁹ Mas **vosotros sois** linaje escogido, **real sacerdocio**, nación santa, pueblo adquirido por Elohim, para que anunciéis las virtudes de aquel que os llamó de las tinieblas a su luz admirable; ¹⁰ vosotros que en otro tiempo no erais pueblo, pero que ahora sois pueblo de Elohim; que en otro tiempo no habíais alcanzado misericordia, pero ahora habéis alcanzado misericordia.*" 1 Kepha. 2:9-10. Kepha estaba citando al profeta Oseas y estaba hablando de la casa de Yisrael siendo reunida y restaurada - Él no está hablando de levitas.

En la carta a los Ibrim se nos dice: "*²⁴ mas Yahushua, por cuanto permanece para siempre, tiene un sacerdocio inmutable; ²⁵ por lo cual puede también salvar perpetuamente a los que por él se acercan a Elohim, viviendo siempre para interceder por ellos. ²⁶ Porque tal sumo sacerdote nos convenía: santo, inocente, sin mancha, apartado de los pecadores, y hecho más sublime que los cielos; ²⁷ que no tiene necesidad cada día, como aquellos sumos sacerdotes, de ofrecer primero sacrificios por sus propios pecados, y luego por los del pueblo; porque esto lo hizo una vez para siempre, ofreciéndose a sí mismo. ²⁸ Porque la ley constituye sumos sacerdotes a débiles hombres; pero la palabra del juramento, posterior a la ley,* *al Hijo, hecho perfecto para siempre. $^{8:1}$Ahora bien, el punto principal de lo que venimos diciendo es que tenemos tal sumo sacerdote, el cual se sentó a la diestra del trono de la Majestad en los cielos, $^{8:2}$ ministro del santuario, y de aquel verdadero tabernáculo que levantó YHWH, y no el hombre."* Ibrim 7:24 - 8:2.

Nuevamente, leemos que todos somos sacerdotes si Yahushua es nuestro Sumo Sacerdote. *"^{5} Al que nos amó, y nos lavó de nuestros pecados con su sangre, ^{6} y nos hizo reyes y sacerdotes para Elohim, su Padre; a él sea gloria e imperio por los siglos de los siglos. Amén."* Apocalipsis 1: 5-6.

También somos tabernáculos vivientes. *"¿O ignoráis que **vuestro cuerpo es templo del Espíritu Santo, el cual está en vosotros**, el cual tenéis de Dios, y que no sois vuestros?"* 1 Corintios 6:19. *"^{16} ¿Y qué acuerdo hay entre el templo de Elohim y los ídolos? **Porque vosotros sois el templo del Elohim viviente**, como Elohim dijo: Habitaré y andaré entre ellos, Y seré su Elohim, Y ellos serán mi pueblo. ^{17} Por lo cual, Salid de en medio de ellos, y apartaos, dice el Señor, **Y no toquéis lo inmundo; Y yo os recibiré**, ^{18} Y seré para vosotros por Padre, Y vosotros me seréis hijos e hijas, dice el Señor Todopoderoso."* 2 Corintios 6: 16-18.[105]

Nuestro Sumo Sacerdote ofreció el sacrificio máximo - el de expiación por nuestros pecados, ya que sólo un sumo sacerdote lo puede hacer. Nosotros ofrecemos sacrificios espirituales en lugar de toros y cabras y estamos siendo edificados en un templo viviente. *"^{4} Acercándoos a él, piedra viva, desechada ciertamente por los hombres, mas para Elohim escogida y preciosa, ^{5} vosotros también, como piedras vivas, sed edificados como casa espiritual y sacerdocio santo, para ofrecer sacrificios espirituales aceptables a Elohim por medio de Yahushua."* 1 Kepha 2:

4-5. Esto no quiere decir de ninguna manera que el Sistema del templo físico ha sido abolido. De hecho, las Escrituras revelan que será restablecido.

Al mismo tiempo, como templos vivientes y como sacerdotes del Altísimo, los creyentes deben ser "qadosh" (קדש) que significa ser apartado o santo a YHWH. Debemos de ser limpios - tanto físicamente como espiritualmente, y se nos ordena a no tocar ninguna cosa impura ni comer nada impuro.[106]

Entonces, ¿cómo se supone que vamos a saber lo que es impuro y lo que es limpio? A través de la Torá, por supuesto. Mire el ejemplo del Mesías y considere en oración la aplicación de estas instrucciones para su caminar con YHVH. Úselos para ayudarse en su servicio sacerdotal - su caminar y su relación con YHWH nunca será el mismo.

Con este entendimiento podemos remover el polvo de la Torá y ver la relevancia presente y futura de estas Escrituras, que muchos han enseñado que eran anticuadas y sólo para los "judíos." Si usted planea vivir en el reino de YHWH y sirviendo como Sacerdote, entonces le sugiero que empiece a estudiar la Torá para que usted sepa cómo vivir y servir en el reino. No estoy hablando de algún evento futuro cuando a usted se lo lleven lejos en las nubes.[107] Estoy hablando de aquí y ahora. Una vez que una persona se arrepiente y cree, se convierte en ciudadano y sacerdote en el reino y su servicio inicia de inmediato.

Yo lo comparo con un grupo de inmigrantes que se bajaron del barco en la isla de Ellis - el centro de procesamiento de inmigrantes histórico en Estados Unidos. Ellos necesitan obtener su ciudadanía para que se haga oficial. Muchas veces ellos tienen que ir a través de ciertos procedimientos, tomar clases, aprender el idioma, conseguir un trabajo, y tomar un juramento para obedecer la ley de la tierra (la constitución) y jurar lealtad a la bandera (el estandarte que simboliza a la nación). Necesitan equiparse para empezar a funcionar dentro de la sociedad.

Como ciudadanos del reino de YHWH también nosotros debemos aprender la ley (Torá), la lengua (Hebreo) y servir en nuestra capacidad en el reino. Para ser buenos ciudadanos debemos aprender, obedecer y someternos a nuestro líder, el Mesías. No nos limitamos a ser ciudadanos de una nación, nos convertimos en miembros de una familia. Por lo tanto, es como convertirse en un ciudadano de un reino y ese mismo día, el rey le llama y le pide que se una a la familia real. No sólo Él le adopta, sino que él le da todos los derechos y privilegios por encima de un primer hijo.

Ahora imagínese la magnitud del engaño que se ha perpetrado sobre muchos cristianos - un grupo de personas que aclaman ser un sacerdocio real y una Nación Santa. (1 Kepha 2:9). En lugar de ello están, en gran parte, viviendo vidas contaminadas, incapaces de ministrar adecuadamente a YHWH, y habiendo rechazado la Torá del reino, quedando fuera de la fiesta del universo. Por supuesto, este es el objetivo deseado del engañador y el inicuo: *"para engañar aun a los escogidos."*

Aquellos que creen en Yahushua son llamados a vivir una vida santa. La palabra santo se traduce correctamente como "apartado." Santo o apartado implica distinguir entre el bien y el mal, lo santo y lo profano, lo puro y lo impuro. Aprendemos todas estas cosas de la Torá. Yahushua claramente enseñó esto cuando dijo: " No deis lo santo a los perros, ni echéis vuestras perlas delante de los cerdos, no sea que las pisoteen, y se vuelvan y os despedacen." Mattityahu 7:6.

Lamentablemente, los cristianos no comprenden plenamente este mensaje porque no ven el cerdo como impuro, ya que no reconocen la Torá. Debido a que Yahushua, en su ministerio terrenal, le hablaba a Yisraelitas que eran observantes de la Torá, él invocaba imágenes vívidas que la mente gentil sin ley no puede captar. Como ve, los perros y los cerdos eran considerados impuros, esta es específicamente la razón por qué Yahushua a menudo utilizaba estos animales en sus parábolas y ministerio.

El ciudadano ideal de cualquier nación debe ser legalista, en la medida en que esas leyes no contradigan las leyes de YHWH. Todos hacemos promesas legalistas y tomamos juramentos legalistas como ciudadanos de la nación a la que pertenecemos. Estamos de acuerdo en adherirnos a la ley de la tierra, por lo que estamos de acuerdo en ser legalistas hacia las leyes del hombre. ¿Por qué entonces se consideraba malo ser obediente a las instrucciones y mandamientos de YHWH? El legalismo sólo es negativo cuando se trata de obedecer las leyes de los hombres, en contravención a la Torá de YHWH, y mantenerse y adherirse a la Torá de YHWH no es legalismo en el sentido negativo - es simplemente obediencia.

Si verdaderamente somos ciudadanos del reino de los Cielos, una nación santa, real sacerdocio (Shemot 19: 6; 1 Kepha 2:9), debemos entender que estamos sujetos a la ley del reino que es la Torá. La Torá es, en esencia, la "Constitución" del reino de los Cielos. La única salvedad es ser legalista así como nuestro Rey, Sumo Sacerdote y rabino Mesías Yahushua fue legalista.

No hay nada de malo con el legalismo cuando involucra los intentos diligentes de una persona de obedecer los mandamientos del Todopoderoso por amor - en todo momento dependiendo del rúaj (espíritu) para la fuerza y el poder requerido. Debemos confesar que no podemos obedecer sin el Ruaj. Nuestra carne desea desobedecer y necesitamos el rúaj para que nos ayude a superar los deseos de la carne. También debemos entender que hemos nacido en pecado, por lo tanto, incluso si usted comenzara en este instante a obedecer la Torá a la perfección, eso no haría ni podría ganar su salvación: *"Por cuanto todos pecaron, y están destituidos de la gloria de YHWH."* (Romanos 3:23).

Como resultado, todos estamos manchados y YHWH no acepta un sacrificio manchado, es una abominación para Él. (Debarim 17: 1). Por lo tanto nuestro deseo de obedecer no está arraigado en un intento de ganar nuestra salvación, sino más bien de nuestro amor y aprecio y nuestro deseo de agradar a Aquel que fue perfecto, Aquel que fue sacrificado para expiar nuestros pecados, Aquel que nos salvó de la condenación eterna. Este es el tipo de conducta y actitud que agrada a nuestro Padre Celestial.

Los líderes religiosos que trataron de matar a Yahushua demostraron el tipo de legalismo que conduce a la esclavitud porque simplemente no creyeron en obedecer las instrucciones de YHWH. En cambio, tomaron la Torá y añadieron sus propias normas y regulaciones, y, eventualmente, reemplazaron la Torá con sus propias costumbres y tradiciones, lo cual era una violación directa de la Torá. *" Cuidarás de hacer todo lo que yo te mando; no añadirás a ello, ni de ello quitarás."* (Debarim 4:2; 12:32).

Ellos tomaron la ley perfecta de la libertad (Yaakob 1:25), lo que conduce a la libertad y a la justicia, y la convirtieron en una carga demasiado pesada para ser cargada por los hombres. Terminaron convirtiendo a los hombres en esclavos. Esto es lo que hace el legalismo inadecuado, en vez de dar la vida, conduce a la esclavitud y la muerte. Yahushua siempre abogó por la obediencia a la Torá, pero reprendió a los líderes religiosos por añadirle a la Torá y por ser hipócritas. Observe, sin embargo, que el añadirle no es el único pecado. El quitarle también es un pecado. Por lo tanto, así como los líderes religiosos en los días de Yahushua pecaron por añadirle a la Torá, la "iglesia" cristiana moderna peca por quitarle a la Torá y por enseñar que está abolida.

En realidad, todos los cristianos son legalistas. A ciertos puntos todos ellos tienen un conjunto de cosas que creen que tienen razón y cosas que creen que están erróneas. Algunos beben, mientras que otros no lo hacen. No hay ninguna restricción en la Torá con respecto a beber. De hecho, hay porciones que específicamente alientan y permiten el licor y el vino. (Debarim 14:26). Por supuesto, las Escrituras advierten que no es aconsejable beber en exceso (Proverbios (Mishle) 20:1) y es pecado ser un borracho. (1 Corintios 5:11). No obstante, la libación se hizo para mostrarnos lo que significa una fiesta con YHWH y definitivamente no es un pecado consumir bebidas alcohólicas. Si usted cree esto, entonces usted está aprendiendo una lectura breve de algo que ha sido tolerado e incluso santificado por el Todopoderoso.

Hay algunos que no creen en la danza, mientras que una simple lectura de la Escritura muestra que danzar es una forma de adoración a YHWH. El Rey Dawid saltó y danzó para YHWH. (2 Shemuel 6:16). Algunos no creen en el uso de instrumentos durante la adoración a pesar de que el uso de instrumentos durante la alabanza y la adoración se menciona en las Escrituras. (Tehillim 150). Algunos creen que fumar es pecado aunque no hay mención de fumar en las Escrituras. Podría seguir y seguir, pero creo que he demostrado mi punto.

Cada individuo tiene su propia lista de conductas que considera apropiadas y que considera inapropiadas. La única cuestión que importa es si su lista se alinea con la

Torá. No importa lo que yo creo que es correcto o incorrecto. Sólo importa lo que YHWH dice que está bien o mal y Él no tiene que explicarse.

Lo que me parece tan notable es la hipocresía que tantas veces observo, y que yo vivía antes, en el cristianismo. Algunos cristianos llaman a una persona legalista, que se esfuerza por observar la Torá mientras que ellos mismos viven una vida de pecado. Luego, se dan la vuelta y tratan de imponer sus creencias legalistas sobre los demás - creencias que no son respaldadas por la Torá. Lo que no se dan cuenta es que ellos son los que son legalistas. Este tipo de hipocresía es a lo que Shaul se estaba refiriendo cuando proclamó: *"^{15} Todas las cosas son puras para los puros, mas para los corrompidos e incrédulos nada les es puro; pues hasta su mente y su conciencia están corrompidas. ^{16} Profesan conocer a Elohim, pero con los hechos lo niegan, siendo abominables y rebeldes, reprobados en cuanto a toda buena obra."* Tito 1:15-16.

Nunca olvidaré un incidente en el ministerio de la universidad cuando yo estaba tratando de usar un tratado cristiano para explicarle a mi compañero ateo de cuarto la diferencia entre los frutos de justicia y los frutos del pecado. Este tratado contenía una foto de dos árboles - el árbol de la justicia y el árbol del pecado. En cada árbol estaban enumerados algunos frutos. El árbol de la justicia tenía esos frutos enumerados por Shaul en Gálatas 5:22 - amor, gozo, paz, paciencia, benignidad, bondad, fe, mansedumbre y templanza. En el otro árbol habían cosas tales como el tabaco, el alcohol, el baile y maldecir, junto con algunas de las obras de la carne enumeradas por Shaul en Gálatas 5:19. Mi compañero ateo de cuarto procedió a preguntarme dónde en la Biblia se dice que una persona no podía bailar, fumar o beber alcohol. Tuve que admitir que no lo decía.

Los cristianos que escribieron el tratado fueron sin duda bien intencionados y claramente estaban pensando en alguien pasando el rato en un bar, bebiendo hasta embriagarse, fumando y bailando en parranda y luego yendo a cometer fornicación. Por desgracia, el tratado retrataba un legalismo que no era escritural. Es por esto que es importante que obedezcamos la Torá y que no empecemos a añadir nuestras propias reglas y regulaciones hechas por el hombre - es ahí cuando empezamos a meternos en problemas y a opacar la verdad.

Como se dijo anteriormente, la mayoría de los cristianos admiten que deben obedecer los diez mandamientos. De hecho, ha habido muchas batallas legales por los grupos cristianos a guardar los diez mandamientos en las escuelas y en los tribunales. Me parece irónico lo duro que luchan por exhibir los mandamientos y la rapidez con desestiman el cuarto mandamiento acerca del Shabat. Cuando se les pregunta acerca del cuarto mandamiento, los cristianos rápidamente dicen que este mandamiento no aplica a ellos, que "Jesús cambió el Shabat para los cristianos" o "Jesús es el Señor del Shabat" o "todos los días es Shabat." Ninguna de estas respuestas proporciona una justificación para cambiar el día Shabat al domingo. El no entender el Shabat es una incapacidad para comprender al Creador y es fundamental que todo cristiano tomen una mirada fresca a este tema y descarte toda la falsa doctrina que se le ha inculcado durante toda su vida.[108]

Es igualmente interesante cómo grupos cristianos intentan imponer su agenda moral en la sociedad cuando la base de su creencia sólo se encuentra en la Torá. Temas como el aborto, la homosexualidad y el matrimonio del mismo sexo sólo pueden ser confrontados adecuadamente con la Torá de YHWH. Los cristianos que promueven la moralidad que se encuentra en la Torá mientras que abogan por la abolición o la irrelevancia de la Torá son simplemente hipócritas y no encontrarán mucha tracción para sus argumentos.

El problema con el enfoque cristiano de los diez mandamientos es el mismo problema con el enfoque cristiano de la carta a los gentiles convertidos del concilio de Yahrushalayim. El cristianismo siempre está tratando de separarse y de distinguirse de lo que ellos perciben como "judío." En lugar de simplemente obedecer la Torá, siempre están tratando de encontrar razones por las que no deben o no tienen que obedecer la Torá de YHWH.

Piense acerca de cómo nuestro Padre Celestial debe ver esta actitud. Como padre, puede ser bastante desalentador cuando su hijo no obedece sus instrucciones claras, sin embargo, es tan satisfactorio cuando su hijo no sólo hace lo que usted le dice, sino que obedece sin tener que decirle y lo hace de buena gana y con alegría. YHWH nos da estas relaciones y ejemplos de la vida real para que podamos entender lo que Él espera de Sus hijos. Su esperanza para nosotros es que le obedezcamos, pero no sólo porque tenemos que hacerlo - Su anhelo es que obedezcamos porque queremos hacerlo. El corazón de la Torá es que obedezcamos, no por las recompensas sino por amor.

Muy a menudo, en lugar de la obediencia, los cristianos profesan que ellos no tienen que obedecer porque están "bajo la gracia." Si eso es lo que usted cree entonces supongo que los niños no tienen que obedecer a los padres ya más. ¿Se imagina a un niño diciéndole a un padre que él no tiene que obedecer las reglas de la casa, ya que está bajo la gracia y no bajo la ley? Dudo que ese argumento tenga mucho éxito. Del mismo modo, nuestro Padre Celestial no cree en ese argumento: Él espera obediencia.

Nuestro corazón determina la forma en que

percibimos la Torá - si la vemos como instrucciones que nos ayudan o como ley que nos esclaviza. El hijo obediente es aquel que con alegría recibe "instrucción" de su padre. Él entiende que es por su propio bien por lo que se esfuerza por aprender, obedecer y prosperar a partir de la instrucción. El hijo desobediente recibe la "ley" de su padre. La ve como una carga y como algo que él debe obedecer. Él normalmente pasa su tiempo tratando de encontrar la manera de no obedecer y esta actitud del corazón a menudo conduce a la rebelión. Observe que la instrucción para cada hijo es la mismo, pero el corazón determina la forma en que se percibe. El hijo obediente ve la instrucción como algo vivificante y desea obedecer mientras que el hijo desobediente ve la instrucción como la ley y la esclavitud y por lo tanto no desea obedecer, u obedece lo menos posible. Cada uno de nosotros debemos determinar en cual categoría caemos - si en realidad caemos dentro de una de ellas del todo. Algunos rechazan la instrucción por completo y se encuentran viviendo en un estado de iniquidad.

15
La Iniquidad

La mala aplicación de la gracia en el cristianismo y la falta de un sano temor de YHWH ha dado lugar a un rechazo masivo de la Torá por parte de la comunidad cristiana. Esto plantea la pregunta: Si Yahushua dijo que ni una coma ni una tilde pasarían hasta que todo se haya cumplido entonces, ¿cómo el cristianismo llega al estado actual de la obediencia selectiva? - o debería decir desobediencia - porque no queda lugar para estar indeciso acerca de este tema. Usted no puede escoger y elegir cuales mandamientos desea obedecer. O elige ser obediente o elige ser desobediente. Ser desobediente es estar en un estado de iniquidad.

Si fallamos en obedecer la Torá, estamos en pecado. El discípulo Yahanan revela claramente esta verdad al afirmar: *"Todo el que comete pecado, infringe la Torá; de hecho el pecado es iniquidad."* 1 Yahanan 3:4. Usted no encontrará esta declaración en la mayoría de las traducciones modernas del texto, pero esta es una traducción literal del griego. Los escritos de Shaul hacen una clara distinción entre la justicia y la iniquidad. *"Pues ¿qué asociación tienen la justicia y la iniquidad? ¿O qué comunión la luz con las tinieblas?"* 2 Corintios 6:14 LBLA. Podemos ver a partir de este pasaje de la Escritura que la justicia es lo contrario a la iniquidad. La justicia implica obediencia y la iniquidad implica desobediencia, es así de simple.

Ahora vamos a examinar lo que el Mesías mismo tiene que decir acerca de la iniquidad. *"²¹ No todo el que me dice: "Señor, Señor", entrará en el reino de los cielos, sino el que hace la voluntad de mi Padre que está en los cielos. ²² Muchos me dirán en aquel día: "Señor, Señor, ¿no profetizamos en tu nombre, y en tu nombre echamos fuera demonios, y en tu nombre hicimos muchos milagros?" ²³ Y entonces les declararé: "<u>Jamás os conocí; apartaos de mi, los que practicais la iniquidad.</u>"'* Mattityahu 7:21-23 LBLA.

Algunas traducciones usan la palabra "maldad" en lugar de "iniquidad." La palabra griega tanto para maldad como para iniquidad en este pasaje es "anomia" (ἀνομία), que se refiere a un transgresor de la Torá, impíos e injustos. Por lo tanto, este pasaje puede traducirse **"Apartaos de mí ustedes que desobedecen la Torá."** JP Green, Sr. en su Nuevo Testamento Interlineal hace referencia a Tehillim 6:8 cuando traduce este pasaje. En Tehillim, el Rey Dawid clama: *"Apartaos de mí, todos los hacedores de iniquidad; Porque YHWH ha oído la voz de mi lloro."* La palabra hebrea para iniquidad en el salmo es "aven" (אָוֶן) y también significa malvado e injusto.

Con el entendimiento de que la iniquidad es un estado de vida en desobediencia a la Torá - tomemos un momento para ver si podemos averiguar la identidad de este grupo de personas a las que se refiere Yahushua. Parecería razonable que nadie en su sano juicio querría encontrarse en este grupo – el cual parece estar haciendo cosas que, por encima se considerarían poderosas, ungidas y adecuados, sin embargo, ellos son hacedores de iniquidad y por lo tanto son rechazados por el Mesías.

En primer lugar hay una gran cantidad de ellos, porque la Escritura se refiere a "muchos" en este grupo. En segundo lugar, ellos llaman al Mesías Señor o Maestro lo que llevaría a pensar que están familiarizados con el Mesías y reconocen su Reinado. El hecho de que las Escrituras repiten: *"Señor, Señor"* es una forma de proporcionar énfasis en esta palabra. Estas personas son enfáticas en su llamado al Mesías como "Señor." En tercer lugar, ellos están profetizando, echando fuera demonios y haciendo milagros "supuestamente" en Su nombre. En cuarto lugar, ellos son hacedores de iniquidad - en otras palabras – están viviendo en desobediencia a la Torá.

Por último, Yahushua dijo que Él nunca los conoció - a pesar del hecho de que pareciera que ellos piensan que no sólo lo conocen a Él – sino que le han estado sirviendo. Siento que esto está directamente relacionado con el hecho de que su nombre es Yahushua mientras que la mayoría de los cristianos insiste en llamarlo a él Jesús - ¿un nombre con orígenes paganos helenísticos? Al parecer, este grupo está llamando un nombre y haciendo milagros en un nombre que ellos creen que es el del Mesías, pero ellos están equivocados y, por tanto, no conocen realmente al verdadero Mesías.

Además de no conocer Su nombre, su conducta también tiene un efecto directo en su relación. Las Escrituras claramente establecen la conexión entre seguir en el pecado y conocer al Mesías. *"^{5} Pero ustedes saben que él se manifestó para quitar nuestros pecados. Y él no tiene pecado. ^{6} **Todo el que permanece en él, no practica el pecado. Todo el que practica el pecado, no lo ha visto ni lo ha conocido.**"* 1 Yahanan 3:5-6 NVI. Por lo tanto, si usted piensa que usted conoce al Mesías y continúa desobedeciendo Su Torá, entonces usted está engañado porque la transgresión de la ley es pecado. (1 Yahanan 3: 4). Usted realmente no le conoce y posiblemente nunca lo conoció.

Entonces, ¿quién es este gran grupo de personas inicuas que piensan que conocen al Mesías hebreo y profetizan, echan fuera demonios y hacen milagros, "supuestamente" en Su nombre? Por lo que yo puedo ver el único grupo en la faz de la tierra que calza con esta descripción particular es la "iglesia" cristiana.

En realidad, esto tiene mucho sentido porque el Mesías que la "iglesia" cristiana presenta al mundo no se alinea con el verdadero Mesías hebreo. Así que dependiendo de donde a una persona se le presentó al Mesías, es posible que nunca haya conocido a Yahushua Ha Mashiaj, pudo haber sido introducido a un impostor, un falso mesías o para decirlo de otra manera, puede que haya conocido al anti-Mesías, al inicuo quien a través del misterio de la iniquidad está tratando de tomar el lugar del verdadero Mesías de Yisrael, que engañará a los mismos escogidos, si es posible.

En el evangelio de Lucas, el Mesías nos da otra mirada en este mismo escenario involucrando a un grupo de personas sin ley. *"^{24} Esforzaos a entrar por la puerta angosta; porque os digo que muchos procurarán entrar, y no podrán. ^{25} Después que el padre de familia se haya levantado y cerrado la puerta, y estando fuera empecéis a llamar a la puerta, diciendo: Señor, Señor, ábrenos, él respondiendo os dirá: No sé de dónde sois. ^{26} Entonces comenzaréis a decir: Delante de ti hemos comido y bebido, y en nuestras plazas enseñaste. ^{27} Pero os dirá: Os digo que no sé de dónde sois; **apartaos de mí todos vosotros, hacedores de iniquidad**. ^{28} Allí será el llanto y el crujir de dientes, cuando veáis a Abraham, a Yitshaq, a Yaakob y a todos los profetas en el reino de Elohim, y vosotros estéis excluidos. ^{29} Porque vendrán del oriente y del occidente, del norte y del sur, y se sentarán a la mesa en el reino de Elohim. ^{30} Y he aquí, hay postreros que serán primeros, y primeros que serán postreros."* Lucas 13:24-30.

La palabra griega para iniquidad en este pasaje es "adikos" (ἀδικία) que también significa *iniquidad* e *injusticia*. Interesantemente, JP Green, Sr. referencia nuevamente el Salmo 6: 8 a la hora de traducir este pasaje. Mientras que dos palabras diferentes se utilizan para describir a este grupo de personas en los manuscritos griegos, parece ser una y la misma de acuerdo con el Mesías. Ellos son los que hacen iniquidad - impíos, injustos y sin ley. El Diccionario Completo Strong de las palabras de la Biblia llega incluso a definir la palabra iniquidad en este contexto como no estar sujeto a la "leyJudía," que por supuesto, está refiriéndose a la Torá.

Este es un mensaje muy importante y poderoso que viene directamente del Mesías y no pareciera que podría presentarse más claro. En ambos casos Él afirma que no conoce a la gente que lo está llamando y en ambos casos está claro que Él no los conoce debido a su estado de iniquidad.

Este punto se refuerza aún más en las Escrituras mesiánicas de la siguiente manera: *"³ Y en esto sabemos que nosotros le conocemos, si guardamos sus mandamientos. ⁴ El que dice: Yo le conozco, y no guarda sus mandamientos, el tal es mentiroso, y la verdad no está en él; ⁵ pero el que guarda su palabra, en éste verdaderamente el amor de Elohim se ha perfeccionado; por esto sabemos que estamos en él. ⁶ El que dice que permanece en él, debe andar como él anduvo. ⁷ Hermanos, no os escribo mandamiento nuevo, sino el mandamiento antiguo que habéis tenido desde el principio; este mandamiento antiguo es la palabra que habéis oído desde el principio."* 1 Yahanan 2:3-7.

Yahanan reafirma que el conocimiento proviene de la obediencia a los mandamientos y así es cómo una persona puede estar segura si conoce al verdadero Mesías:

Si obedece Sus mandamientos. Note que él es claro que cuando él habla de la obediencia no se está refiriendo a ningún mandamiento misterioso nuevo, sino *"al mandamiento antiguo que habéis tenido desde el principio, este mandamiento antiguo es la palabra que habéis oído desde el principio."* Por supuesto que este es el mismo Yahanan que escribió las palabras hermosas: *" En el principio era el Verbo, y el Verbo era con Elohim, y el Verbo era Elohim."* Yahanan 1:1. Era el Mesías Quién era y es la Torá y por lo tanto al obedecerle a Él es obedecer la Torá. Debemos andar como Él anduvo - de acuerdo a la Torá.

¿Por qué entonces hay tanta confusión, incredulidad y desobediencia en el cristianismo en relación con la Torá? Esto, mi amigo, es lo que Shaul quiso decir cuando habló del misterio de la iniquidad o, para decirlo de otra manera, el misterio de la maldad.

"¹ Pero con respecto a la venida de Señor Yahushua el Mesías, y nuestra reunión con él, os rogamos, hermanos, ² que no os dejéis mover fácilmente de vuestro modo de pensar, ni os conturbéis, ni por espíritu, ni por palabra, ni por carta como si fuera nuestra, en el sentido de que el día de YHWH está cerca. ³ Nadie os engañe en ninguna manera; porque no vendrá sin que antes venga la apostasía, y <u>se manifieste el hombre de pecado</u>, el hijo de perdición, ⁴ el cual se opone y se levanta contra todo lo que se llama Elohim o es objeto de culto; tanto que se sienta en el templo de Elohim como Elohim, haciéndose pasar por Elohim. ⁵ ¿No os acordáis que cuando yo estaba todavía con vosotros, os decía esto? ⁶ Y ahora vosotros sabéis lo que lo detiene, a fin de que a su debido tiempo se manifieste. ⁷ Porque ya está en acción el poder secreto de la iniquidad; sólo que hay quien al presente lo detiene, hasta que él a su vez sea quitado de en medio. ⁸ Y entonces <u>se manifestará aquel inicuo</u>, a quien el Señor matará con el

espíritu de su boca, y destruirá con el resplandor de su venida; <u>*⁹ inicuo cuyo advenimiento es por obra de Satanás, con gran poder y señales y prodigios mentirosos,* ¹⁰ *y con todo engaño de iniquidad para los que se pierden,*</u> **por cuanto no recibieron el amor de la verdad para ser salvos. ¹¹ Por esto Dios les envía un poder engañoso, para que crean la mentira, ¹² a fin de que sean condenados todos los que no creyeron a la verdad, sino que se complacieron en la injusticia."** 2 Tesalonicenses 2:1-12.

Cualquier persona, incluso un poco familiarizada con las profecías de Daniel y Apocalipsis reconocería a este inicuo, como el anti-cristo, también conocido como el anti-mesías. Las personas a menudo tienen la impresión equivocada de quien será el inicuo porque el uso de "anti" da una impresión un poco equivocada. "Anti" en el griego es una partícula primaria que significa no sólo "opuesto o en oposición," que es el entendimiento común, sino que también "en lugar de o en sustitución."

Así que no sólo el anti-mesías se opone al verdadero Mesías, sino que él también quiere reemplazar al Mesías y sustituirse a sí mismo por el Mesías y ser adorado como Elohim. Por lo tanto, donde el Mesías obedeció la Torá, respaldó la Torá y enseñó la Torá (de ahí el título de rabino - maestro), el inicuo, o anti-mesías, promueve la desobediencia a la Torá a través del *"poder secreto de la iniquidad."*

Él no quiere que la gente obedezca, porque la obediencia conduce a la relación, al conocimiento y a la bendición. Él no quiere que las personas conozcan a YHWH ni quiere que sean bendecidas. "*Y hablará palabras contra el Altísimo, y a los santos del Altísimo quebrantará,* **y pensará en cambiar los tiempos y la ley;** *y serán entregados en su mano hasta tiempo, y tiempos, y medio tiempo.*" Daniel 7:25 RVR1960.

Note del pasaje en Tesalonicenses que Shaul declaró que el misterio de la iniquidad ya estaba en acción. Una revisión de la historia de los primeros creyentes muestra que el anti-nomianismo (en contra de la Torá) era muy frecuente. Esto es algo que los primeros apóstoles pasaron combatiendo mucho tiempo. Esto se debió en gran parte a la llegada masiva de los gentiles paganos que inundaron a la primera asamblea de creyentes, muchas veces trayendo algunas de sus prácticas y creencias paganas con ellos (ver Hechos 8: 9-24).

Tenemos una gran promesa en lo que se refiere a conocer a YHWH y se encuentra en el pacto renovado: " *^{33} Pero este es el pacto que haré con la casa de Yisrael después de aquellos días, dice YHWH: Daré mi Torá en su mente, y la escribiré en su corazón; y yo seré a ellos por Elohim, y ellos me serán por pueblo. ^{34} <u>Y no enseñará más ninguno a su prójimo, ni ninguno a su hermano, diciendo: Conoce a YHWH; porque todos me conocerán, desde el más pequeño de ellos hasta el más grande</u>, dice YHWH; porque perdonaré la maldad de ellos, y no me acordaré más de su pecado."* Yirmeyah. 31:33-34. Pronto llegará un día en que YHWH se presentará a sí mismo en una forma tal que no habrá ninguna duda de quién es Él, pero hasta ese momento el espíritu de iniquidad está trabajando febrilmente para conducir a los hombres hacia la desobediencia y la maldad - lejos de conocer al verdadero Elohim . Mientras que Yahushua el Mesías enseñó y vivió la Torá - el Cristianismo adora y promueve a Jesús, que supuestamente cambió o abolió la Torá. Él ha sido promovido como un mesías sin ley y confío que el problema es ahora evidente.

Por mi parte, creo que estamos en los últimos días por lo que tiene mucho sentido que el misterio de la iniquidad ya está aquí, engañando a la gente en preparación de la aparición del anti-mesías. Muchos podrían preguntarse, ¿cómo podría pasarle esto a los creyentes? Hemos sido advertidos por el Mesías mismo. *"¹¹ Y muchos falsos profetas se levantarán, y engañarán a muchos; ¹² y por **haberse multiplicado la maldad**, el amor de muchos se enfriará."* Mattityahu 24:11-12. *"²⁴ Porque se levantarán falsos mesías, y falsos profetas, y harán grandes señales y prodigios, de tal manera que engañarán, si fuere posible, aun a los escogidos. ²⁵ Ya os lo he dicho antes."* Mattityahu 24: 24-25.

Al día de hoy, los maestros indoctos e inconstantes están usando los escritos de Shaul para torcer las Escrituras y socavar la Torá. Es importante leer y ver dónde conduce esto: *"Por eso, queridos hermanos, ya que ustedes saben de antemano estas cosas, cuídense, para que no sean arrastrados por los engaños de los malvados ni caigan de su firme posición."* 2 Kepha 3:17.

Los engaños de los malvados es la falsa enseñanza de que usted no tiene que obedecer la Torá. Este es el mismo engaño mencionado por Shaul en su carta a los Tesalonicenses (2 Tesalonicenses 2: 1-12), la misma infraccion de la ley mencionada por Yahanan. (1 Yahanan 3:4), y es el mismo error mencionado por Yahushua. (Mattityahu 7:23; Lucas 13: 24-30).

Para aquellos que profesan "conocer a Elohim" pero practican la iniquidad, es el momento de reconsiderar su concepto de la Torá y la gracia. Kepha enseñó tanto la gracia y la obediencia: *"¹³ Por tanto, ceñid los lomos de vuestro entendimiento, sed sobrios, y **esperad por completo en la gracia que se os traerá cuando Yahushua el Mesías sea manifestado;** ¹⁴ como hijos obedientes*, no os conforméis a los deseos que antes teníais estando en vuestra ignorancia; ¹⁵ sino, como aquel que os llamó es santo, sed también vosotros santos en toda vuestra manera* *de vivir; ^{16}porque escrito está: Sed santos, porque yo soy santo."* 1 Kepha 1: 13-16.

Tal como Kepha demostró acertadamente, la Torá y la gracia no se oponen entre sí, sino que son socios en el plan eterno de YHWH. Una buena manera de ilustrar este punto es describir la Torá como un contenedor y al Mesías como el agua viva que se vierte en el recipiente. Usted necesita el recipiente para recibir el agua. Sin el recipiente, el agua se derrama en el suelo y somos incapaces de beberla.

Esta sociedad entre la Torá y la dispensación está bien demostrada por el hecho de que la Torá fue entregada a los hijos de Yisrael en Shavuot (Pentecostés), y también el Espíritu fue dado a los discípulos del Mesías en Shavuot (Pentecostés).[109] La Torá entregada en el mismo día que el Espíritu - esto no es una coincidencia. El Espíritu era para escribir la Torá en nuestros corazones y para darnos el poder para vivir la Torá al igual que el Mesías era la Torá Viviente.

16
El Camino de la Fe

Es mi esperanza que con el fundamento proporcionado por las palabras de YHWH sea ahora evidente que deberíamos de estar obedeciendo la Torá. Una vez que entendemos la operación de la gracia y la Torá y una vez que hemos recibido el don del perdón, es importante que nosotros entonces empecemos a caminar con nuestro Creador. Así como el Creador caminó con Adán e Yisrael y así como el Mesías caminó con sus discípulos - así también - Él quiere caminar con nosotros - nuestra vida es nuestro caminar. Este es el campo de entrenamiento para aprender sus caminos.

Este caminar al que me estoy refiriendo a menudo se llama "halakah" (הליכה) en hebreo. Es el camino de fe que cada creyente debe caminar. La tradición asociada con el judaísmo ha hecho a menudo "halakah" una carga al requerir a los adherentes a seguir su "Torá oral," pero en el sentido más puro este es el viaje que cada uno de nosotros como individuos debemos hacer con nuestro Creador.

Afortunadamente, no tenemos que caminar en la oscuridad, porque se nos ha dado la luz. Su palabra es una lámpara a nuestros pies e ilumina nuestro camino. (Tehilim 119: 105). Si bien los comentarios de los profesores pueden ser útiles, a veces, es nuestra propia responsabilidad individual estudiar, orar y caminar perfectamente delante de YHWH. Su Torá revela los obstáculos que tenemos por delante y nos muestra cómo evitarlos. La Torá es el camino recto y es la forma en que todos los hijos de YHWH deben caminar.

*"Y enseña a ellos las ordenanzas y las Torot, y **muéstrales el camino por donde deben andar**, y lo que han de hacer."* Shemot 18:20 RVR1960. *"⁶ Y estas palabras que yo te mando hoy, estarán sobre tu corazón; ⁷ y las repetirás a tus hijos, y hablarás de ellas estando en tu casa, y **andando por el camino**, y al acostarte, y cuando te levantes."* Debarim 6:6-7.

Hay bendiciones cuando caminamos en el camino de la Torá. *"¹ Bienaventurado el varón que no anduvo en consejo de malos, ni estuvo en camino de pecadores, ni en silla de escarnecedores se ha sentado; ² Sino que en la Torá de YHWH está su delicia, Y en Su Torá medita de día y de noche."* Tehilim 1:1-2.

La razón por la cual se le llama camino se debe a que este a menudo requiere movimiento. Este camino de fe necesita mucho más que creer, necesita acción. A partir de la definición misma de la Torá, en el Capítulo 2, vimos que señala el camino y también requiere movimiento en la dirección que apunta. Muchos en la religión cristiana fueron introducidos al Mesías a través de una simple oración, donde ellos reconocieron que eran pecadores y que necesitaban un Salvador. Si bien ellos pueden haber verbalizado su creencia - no es suficiente si ellos no abandonan esa creencia.

Esto es lo que Yaakob quiso decir cuando dijo: *"¹⁷ Así también la fe, si no tiene obras, es muerta en sí misma. ¹⁸ Pero alguno dirá: Tú tienes fe, y yo tengo obras. Muéstrame tu fe sin tus obras, y yo te mostraré mi fe por mis obras. ¹⁹ Tú crees que Dios es uno; bien haces. También los demonios creen, y tiemblan. ²⁰ ¿Mas quieres saber, hombre vano, que la fe sin obras es muerta? ²¹ ¿No fue justificado por las obras Abraham nuestro padre,* *cuando ofreció a su hijo Yitshaq sobre el altar? ^{22} ¿No ves que la fe actuó juntamente con sus obras, y que la fe se perfeccionó por las obras?"* Yaakob 2: 17-22.

Este punto demuestra claramente la diferencia entre el pensamiento oriental y occidental. El hebrea, siendo una lengua semítica oriental, es un lenguaje activo. El griego es una lengua occidental, que tiende a ser pasiva. El lenguaje de una persona controla su percepción y comprensión de las palabras y los conceptos.

La noción de la "fe" es un buen ejemplo de esta diferencia. La fe y la creencia en hebreo requieren acción. En otras palabras, en el pensamiento oriental usted debe tener un acto externo correspondiente como una demostración de su creencia interior. En el pensamiento occidental, hemos desarrollado una mentalidad de que la "decisión" interna es lo que es importante. Una persona puede ir a una reunión de avivamiento o a una cruzada y puede tomar una "decisión" y que a menudo se le enseña que esa "decisión" interior le da un boleto irrevocable al cielo, sin importar cómo viva su vida.

Doctrinas tales como la Seguridad Eterna que enseñan "una vez salvo, siempre salvo" son potencialmente peligrosas porque como dijo Yaakob - *"incluso los demonios creen."* Creer en Dios o reconocer que Él existe no tiene sentido, en sí mismo o por sí mismo. Él existe independientemente de que si usted decide creer o no. Es si caminamos con Él lo que importa. Si usted realmente tiene fe entonces usted creerá lo que Él dice y hará lo que Él dice.

Caminar de acuerdo a la Torá es caminar el camino recto. La Torá enseña distinciones entre lo santo y lo profano, lo puro y lo impuro. Describe la conducta necesaria para vivir en el reino y del mismo modo identifica a aquellos que están en el reino por sus acciones.

Aquellos que viven dentro de los límites de la Torá están en el reino. Son apartados de aquellos que están fuera del reino.

No podría estar más claro a partir del siguiente pasaje: *"³ Y en esto sabemos que nosotros le conocemos, si guardamos sus mandamientos. ⁴ El que dice: Yo le conozco, y no guarda sus mandamientos, el tal es mentiroso, y la verdad no está en él; ⁵ pero el que guarda su palabra, en éste verdaderamente el amor de Elohim se ha perfeccionado; por esto sabemos que estamos en él. ⁶ El que dice que permanece en él,* **debe andar como él anduvo**.*"* 1 Yahanan 2:3-6. Esto significa ser apartado y andar en los caminos que el Mesías, la Torá hecha carne, caminó.

Ahora, nuevamente quiero reiterar para que no haya error en lo que me estoy refiriendo - obedecemos, no para obtener la salvación; la salvación es un don gratuito y no se puede ganar. Obedecemos, no para obtener bendiciones; eso es un efecto residual de nuestra obediencia. Más bien obedecemos porque nos hemos vuelto voluntariamente siervos del Mesías. *"Hablo en términos humanos, por causa de la debilidad de vuestra carne. Porque de la manera que presentasteis vuestros miembros como esclavos a la impureza y a la iniquidad, para iniquidad,* ***así ahora presentad vuestros miembros como esclavos a la justicia, para santificación.****"* Romanos 6:19 LBLA.

Los que siguen al Mesías están acuerdo en convertirse en sus discípulos y, como tal, se espera obediencia. Si usted decide no obedecer sus mandamientos, entonces usted no puede decir que es Su discípulo - independientemente de si está o no está haciendo lo que usted cree que es correcto y bueno. El objetivo es hacer lo que Él nos dice que hagamos, no lo que nosotros decidamos que debemos hacer. Si usted no está obedeciendo sus mandamientos entonces usted está caminando en desobediencia y usted puede esperar a escuchar las palabras - *"Apartaos de mí hacedores de maldad."*

"⁷ Es pues honor a vosotros que creéis; mas para los desobedientes: La Piedra que los edificadores reprobaron, ésta fue hecha la cabeza de la esquina; ⁸ Y: Piedra de tropiezo, y piedra de escándalo, <u>a aquellos que tropiezan en la palabra, y no obedecen aquello para lo cual fueron ordenados.</u>" 1 Kepha 2:7-8 JBS. Note que Kepha enfrenta a los que *"creen"* en contra de *"los desobedientes."* Al hacerlo asi él iguala la desobediencia con la incredulidad. Si usted desea despertar su fe, entonces empiece a vivir como que usted cree en su Elohim obedeciendo sus mandamientos.

La conclusión es que la religión cristiana proclama que usted debe "amar a Dios" pero no necesariamente obedecerle. Ellos pueden ir tan lejos como para estar deacuerdos que le deben de obedecer, pero por lo general son poco claros en lo que deben obedecer y curiosamente todos coinciden en que definitivamente *no es la Torá*. Debe ser algo más, por lo general alguna regla, regulación, costumbre o tradición creada por el hombre.

Desobedecer la Torá es pecado y el hacerlo es incompatible con todo lo que se enseña en las Escrituras. Es absurdo pensar que YHWH pasó miles de años enseñando Su Torá a los individuos y a las naciones a través de Yisrael sólo para tirarlo todo por la borda y reemplazarlo con algo diferente que no ha sido definido. Si esto es lo que le han enseñado, entonces usted necesita reexaminar su comprensión de las Escrituras.

Todos los católicos y cristianos harían bien en prestar atención a las palabras de Shaul: *"¹ ¿Qué, pues, diremos? ¿Perseveraremos en el pecado para que la gracia abunde?* ² *En ninguna manera. Porque los que hemos muerto al pecado, ¿cómo viviremos aún en él?"* Romanos 6: 1-2 RVR1960. Él nos está diciendo que no debemos seguir pecando debido a la gracia y si no debemos continuar pecando entonces eso debe significar que hemos de vivir de acuerdo a las instrucciones de YHWH que se encuentran dentro de la Torá.

Los dispensacionalistas colocan a Abraham y a los cristianos en diferentes dispensaciones, que luego requieren diferentes métodos de salvación. Su doctrina es confusa y errónea - la fe que salvó a Abraham es la misma fe que ofrece la salvación a este día - la fe en las promesas de YHWH. Cuando Abram tenía noventa años YHWH se le apareció. YHWH confirmó su pacto con Abram y cambió su nombre por el de Abraham. Durante ese encuentro Él declaró: "Yo soy El Shaddai - **anda delante de mí y sé perfecto.**" Beresheet 17:1.

Este es el mismo mandamiento que Yahushua dio a sus seguidores: *"Sed, pues, vosotros perfectos, como vuestro Padre que está en los cielos es perfecto."* Mattityahu 5:48. Esta es la misma exhortación dada por David, que revela lo que significa ser perfecto. *"Bienaventurados los perfectos de camino, los que andan en la Torá de YHWH."* Tehilim 119:1.

Así como Abraham fue instruido a caminar perfecto, de la misma manera nosotros somos instruidos a caminar perfecto. Obviamente, todos hemos pecado en el pasado, pero es el momento de nuestras vidas en el que recibimos y ejercitamos la fe que nos ha sido dada que se supone que un cambio se produzca. Una vez que conocemos a YHWH, vamos a caminar a la perfección, de acuerdo a Su Torá.

El profeta Yirmeyahu declaró: *"Así dijo YHWH: Paraos en los caminos, y mirad, y preguntad por las sendas antiguas, cuál sea el buen camino, y andad por él, y hallaréis descanso para vuestra alma."* Yirmeyahu 6:16. Hay descanso en el camino justo y hay vida. *"En el camino de la justicia está la vida; Y en sus caminos no hay muerte."* Proverbios 12:28.

Cuando Yahushua le dijo a sus discípulos "sígueme" Él les estaba invitando al camino de la vida. Así como Él los invitó a ellos, así también Él nos invita a nosotros y proclama: *"²⁹ Llevad mi yugo sobre vosotros, y aprended de mí, que soy manso y humilde de corazón; y hallaréis descanso para vuestras almas; ³⁰ porque mi yugo es fácil, y ligera mi carga."* Mattityahu 11: 29-30. Él es la Torá Viviente - la Torá hecha carne - y en Él encontramos el descanso verdadero y la vida, pero para poder ver que estas promesas se manifiesten en nuestras vidas - debemos caminar.

17

En el Final

Las palabras finales del Tanak en la mayoría de las Biblias cristianas son del profeta Malaquías que, hablando de los últimos días, hace que sea muy claro cómo YHWH se ocupará de aquellos que no obedecen Su Torá.

"*¹ Porque he aquí, viene el día ardiente como un horno, y todos los soberbios y todos los que hacen maldad serán estopa; aquel día que vendrá los abrasará, ha dicho YHWH de los ejércitos, y no les dejará ni raíz ni rama. ² Mas a vosotros los que teméis mi nombre, nacerá el Sol de Justicia, y en sus alas traerá salvación; y saldréis, y saltaréis como becerros de la manada. ³ Hollaréis a los malos, los cuales serán ceniza bajo las plantas de vuestros pies, en el día en que yo actúe, ha dicho YHWH de los ejércitos. ⁴ <u>Acordaos de la Torá de Moisés mi siervo, al cual encargué en Horeb ordenanzas y leyes para todo Yisrael. ⁵ He aquí, yo os envío el profeta Elías, antes que venga el día de YHWH, grande y terrible. ⁶ El hará volver el corazón de los padres hacia los hijos, y el corazón de los hijos hacia los padres, no sea que yo venga y hiera la tierra con maldición.</u>*" Malaquías 4:1-6.

El profeta Malaquías se refiere a un momento en el futuro y usted se dará cuenta de que se nos instruye a *acordarnos la Torá*. Una vez que usted recibe el favor de YHWH a través de la sangre derramada del Mesías usted se convierte en un hijo de Elohim. El cristianismo ha entendido la gracia, pero no ha logrado comprender el significado de la Torá - ya sea voluntariamente o por ignorancia. Ahora es el momento de que todos los hijos de YHWH vuelvan sus corazones a su Padre Celestial a través de la obediencia de Su Torá - que debe ser escrita en sus corazones circuncidados y en sus mentes si son verdaderamente partícipes del pacto renovado.

Me resulta particularmente interesante que este pasaje se encuentra inmediatamente antes de las Escrituras mesiánicas en la mayoría de las Biblias, porque en el Tanak hebreo el orden no es el mismo - los profetas vienen después de la Torá y los escritos vienen de último. Es como si se hubiera hecho intencionalmente como un recordatorio para los cristianos - justo antes de que leemos acerca del Mesías, porque si leemos correctamente - no hay nada en las Escrituras mesiánicas que altere la Torá.

Por ejemplo, no hay nada que cambiaría el mandamiento de circuncidar a su hijo en el octavo día, observar el Shabat o cualquier otra instrucción que se refiera a sus circunstancias particulares. Yahushua no vino a abolir la Torá, Él vino para llevar de vuelta a la gente a la pureza de la Torá. Yahushua nunca tuvo un problema con que los fariseos obedecieran la Torá. Su preocupación era porque ellos habían sustituido sus propias normas y regulaciones por la Torá de YHWH lo que dio lugar a que ellos no guardaran la Torá según lo prescrito por YHWH. Esteban confirmó esto en su famoso sermón en el libro de los Hechos. (Hechos 7:53).

Los fariseos perdieron contacto con la intención de la Torá que está destinada a dirigirnos al Padre y a cambiarnos. Observe que el Mesías siempre dirigía al pueblo al Padre. Esto es lo que la palabra (la Torá) siempre ha hecho - Él dirige a la gente hacia el Padre. Si Yahushua vino a enseñarle a la gente a desobedecer la palabra entonces Él habría sido una contradicción andante, ¿La Torá en la Carne enseñando a la gente a no obedecer la Torá? Eso simplemente no tiene ningún sentido.

Los fariseos a menudo obedecían la Torá en el exterior, pero sus corazones no eran rectos. Dado que la palabra *"discierne los pensamientos y las intenciones del corazón"* (Ibrim 4:12), Yahushua era capaz de discernir los corazones de los fariseos. Por ejemplo, los fariseos estaban obedeciendo los mandamientos concernientes a los tefilín (también conocidos como filacterias) y al tzit tzit. La Torá nos ordena: *"pondréis estas mis palabras en vuestro corazón y en vuestra alma, y **las ataréis como señal en vuestra mano, y serán por frontales entre vuestros ojos.**"* Debarim 11:18 RVR1960 (véase también Debarim 6: 8).

La Torá también nos ordena a: *" ³⁸ **que se hagan tzit tzit en los bordes de sus vestidos, por sus generaciones; y pongan en cada franja de los bordes un cordón de azul.** ³⁹ Y os servirá de franja, para que cuando lo veáis os acordéis de todos los mandamientos de YHWH, para ponerlos por obra; y no miréis en pos de vuestro corazón y de vuestros ojos, en pos de los cuales os prostituyáis. ⁴⁰ Para que os acordéis, y hagáis todos mis mandamientos, y seáis santos a vuestro Elohim."* Bemidbar 15:38-40.

Los fariseos llevaban sus filacterias y su tzitzit pero ellos lo hacían, no por una obediencia humilde, sino por soberbia y orgullo. De acuerdo a Yahushua: *" ⁵Hacen todas sus obras para ser vistos por los hombres. Pues ensanchan sus filacterias, y extienden los flecos de sus mantos; ⁶ y aman los primeros asientos en las cenas, y las primeras sillas en las sinagogas, ⁷ y las salutaciones en las plazas, y que los hombres los llamen: Rabí, Rabí."* Mattityahu 23:2-7 RVR1960.

Note que no era el hecho de que ellos estaban obedeciendo la Torá que era el problema, era sus corazones y su forma de obediencia. Ellos no sólo llevaban filacterias simples, llevaban muy grandes, no solo llevaban tzitzit, llevaban tzitzit *muy largos* como si el tamaño de sus filacterias o tzitzit demostrara su grado de piedad. Su obediencia se convirtió en un espectáculo y era más esplendorosa lo cual no era la intención de los mismos mandamientos que se suponía que debían estar obedeciendo. El tzitzit y las filacterias tienen el propósito de recordarnos los mandamientos para que caminemos en obediencia pero los fariseos estaban convirtiendo estos recordatorios en insignias religiosas lo cual estaba en completa contradicción con su finalidad prevista.

Si usted no está caminando en obediencia a la Torá, entonces usted está caminando en desobediencia y usted es uno de los hijos de desobediencia, antes que un hijo de Elohim. *"[6] Nadie os engañe con palabras vanas, porque por estas cosas viene la ira de Elohim sobre **los hijos de desobediencia**. [7] No seáis, pues, partícipes con ellos. [8] Porque en otro tiempo erais tinieblas, mas ahora sois luz en YHWH; andad como hijos de luz [9] (porque el fruto del Espíritu es en toda bondad, justicia y verdad), [10] comprobando lo que es agradable a YHWH."* Efesios 5:6-10.

Los hijos de desobediencia caminan en tinieblas y son malvados, mientras que los hijos de la luz buscan lo que es agradable a YHWH por medio de Su Torá y caminan en obediencia, a la luz de la Torá. Este punto está muy claro por el profeta Yeshayahu: *"¡A la Torá y al testimonio! Si no hablan conforme a esta palabra, es porque no hay luz en ellos."* Yeshayahu 8:20.

La relación entre la Torá y la gracia no es difícil de entender y conciliar una vez que usted haya colocado cada una en su lugar apropiado. Es el resultado de los hombres que manipulan los términos e ideas que ellos representan lo que ha causado tal confusión y las ponen en desacuerdo. Decir que la Torá fue abolida efectivamente es decir que ya no hay ningún pecado ya que el pecado es definido por la Torá. Sin la Torá no tenemos ninguna referencia para el pecado que conduce a la anarquía, al legalismo inadecuado y a la iniquidad. Creer y profesar tal noción es nada menos que pecado y lleva a algunas conclusiones muy peligrosas.

Si se le ha enseñado que la Torá es algo que debe evitarse a toda costa, entonces, usted ha sido engañado. Si se le ha enseñado que YHWH le dio Su Torá a Yisrael pero que Él eximió a "La iglesia" de obedecer la Torá, entonces, una vez más - usted ha sido engañado. No hay un mandamiento en las Escrituras mesiánicas que instruya a los gentiles conversos a no obedecer la Torá. Si hubiera uno, no estaría correcto, porque la única manera de probar a un profeta o las enseñanzas del Discípulo era a través del Tanak. Así como los de Berea escudriñaban las Escrituras (Tanak) diariamente para verificar la verdad de las enseñanzas de Shaul - nosotros debemos hacer lo mismo. (Hechos 17:11).

Las Escrituras mesiánicas no pueden alterar el Tanak de ninguna manera, porque es el Tanak que valida y apoya esos textos. Los cristianos han tenido siglos de programación en sentido contrario por lo que esto es a menudo un asunto difícil de entender. Le prometo que si usted puede apegarse a esta verdad podrá ver florecer su relación con YHWH porque todas las piezas del rompecabezas empezarán a caer en su lugar. Yo pasé gran parte de mi vida en el cristianismo tratando de meter una clavija cuadrada en un agujero redondo y nunca encajó, porque su doctrina es incompatible con el Tanak.

Si usted es un cristiano y está confiando en la promesa del pacto renovado entonces es mejor que preste atención a las palabras del profeta Yehezqel. *"[19] Y les daré* *un corazón, y un espíritu nuevo pondré dentro de ellos; y quitaré el corazón de piedra de en medio de su carne, y les daré un corazón de carne, <u>²⁰ para que anden en mis ordenanzas, y guarden mis decretos y los cumplan, y me sean por pueblo, y yo sea a ellos por Dios. ²¹ Mas a aquellos cuyo corazón anda tras el deseo de sus idolatrías y de sus abominaciones, yo traigo su camino sobre sus propias cabezas,</u>* dice YHWH Elohim." Yehezqel 11: 19-21.

En este pasaje el profeta estaba hablando a la casa de Yisrael, aquellos que han sido esparcidos, los que no han obedecido los mandamientos y que han seguido los caminos de los gentiles (Yehezqel 11:12). Él revela que el propósito del pacto renovado es por tanto: *"**para que anden en mis ordenanzas, y guarden mis decretos y los cumplan**.*" Esta es una parte integral del pacto renovado que el cristianismo no enseña.

El pasaje habla además de aquellos que siguen en iniquidad y para ellos el futuro no es muy brillante. Dado que sabemos que el pacto renovado está hecho con la casa de Yisrael y la casa de Yahudá, es necesario determinar primero si usted es parte del pacto renovado. Si es así, entonces usted debe preguntarse si está caminando y guardando los estatutos y juicios de YHWH. Si no, entonces usted no es participe del pacto y usted no está caminando en la Luz. Tal como el título de este libro lo declara, usted necesita "Caminar en la Luz."

Las Escrituras mesiánicas hablan de una guerra espiritual que se ha prolongado a través de las siglos y culminará con un gran conflicto descrito en el Apocalipsis según Yahanan. Ese conflicto girará en torno a un determinado grupo de personas descritas específicamente. *"Entonces el dragón se llenó de ira contra la mujer; y se fue a hacer guerra contra el resto de la descendencia de ella, <u>los que guardan los mandamientos de Elohim y tienen</u>*

el testimonio de Yahushua." Apocalipsis 12:17. Los apartados que perduran hasta el final se describen repetidamente como los que obedecen los mandamientos y permanecen fieles a Yahushua. (Apocalipsis 14:12).

Se nos ha dado el poder para obedecer, para vivir en rectitud y para vencer el pecado por la sangre de Yahushua y el espíritu (rúaj). *"⁴ Porque todo lo que es nacido de Elohim vence al mundo; y esta es la victoria que ha vencido al mundo, nuestra fe. ⁵ ¿Quién es el que vence al mundo, sino el que cree que Yahushua es el Hijo de Elohim?"* 1 Yahanan 5:4-5.

"Pues mientras la Torá por medio de Mosheh fue dada, la gracia y la verdad vinieron por medio de Yahushua el Mesías." Yahanan 1:17.

Mientras que la gracia nos da la oportunidad de tener la vida, la verdad de la Torá nos enseña cómo vivir esa vida. Esta es la esencia de la obra del Mesías - tanto la gracia y la Torá son espirituales y ambos conducen a la vida. La gracia nos pone en el camino de la vida, y la Torá es el camino que lleva a la vida.

Tal como en el principio el hombre tenía acceso al árbol de la vida hasta que desobedeció el mandamiento de YHWH, así en el final la humanidad redimida volverá a tener acceso al árbol de la vida. *"Bienaventurados los que hacen sus mandamientos, para que su potencia y potestad sea en el árbol de la vida, y que entren por las puertas en la Ciudad."* Apocalipsis 22:14. ¡Esta es la promesa reservada para los que andan en el camino de la Torá y la gracia!

Notas Finales

[1] Yahushua - El nombre hebreo correcto para el Mesías comúnmente llamado Jesús, es Yahushua (יהושע). Es el mismo nombre del patriarca hebreo comúnmente llamado Josué y significa "Yah es salvación." Jesús no es el nombre del Mesías y es una imposibilidad literal que Él se llame Jesús ya que no hay sonido "J," ya sea en el lenguaje hebreo o griego. Aunque muchos afirman que la palabra "Jesús" es simplemente la traducción en español del hebreo Yahushua, esto no es exacto ni sería incluso apropiado utilizar una traducción al referirse al nombre del Mesías. Los nombre no se traducen— se transliteran. Así, el nombre Yahushua en español es una transliteración del יהושע en hebreo para que sepamos cómo se pronuncia correctamente el nombre. Este tema se discute en detalle en el libro de la Serie Caminando en la Luz titulado "Nombres."

[2] Mesías - me refiero a Yahushua usando una forma de la palabra hebrea mashiach (משיח) que se traduce Mesías y significa "ungido." Cuando se hace referencia a Yahushua como el Mesías, no hay duda de lo que se quiere decir, sobre todo en el contexto de las Escrituras hebreas. La palabra "Cristo" es un término griego que también significa "ungido," pero se aplica a cualquier cantidad de sus dioses paganos. Por lo tanto, el título de Mesías parece más apropiado para referirse al Mesías hebreo.

[3] El nombre del discípulo comúnmente conocido como Juan en el español era un hebreo y por lo tanto tenía un nombre hebreo. En hebreo su nombre significa "YHWH ha dado." YHWH es como se deletrea el nombre de Dios (ver nota 5) y por lo tanto es importante que su nombre se pronuncie de una manera tal que se mantenga su carácter original y el significado. Muchos pronuncian su nombre

hebreo como Yojanán (יוחנן), pero la pronunciación pierde el nombre de YHWH. Según *McClintock* y *Strong* esto es "una forma contraída del nombre JEHOHANAN." Por lo tanto, en un esfuerzo por mantener la esencia original del nombre yo utilizo el Yahonatan, Yahuhanan o Yahanan cuando se refiere al discípulo hebreo tradicionalmente llamado Juan.

[4] Beresheet es la transliteración de la palabra בראשית hebrea que se traduce a menudo como Génesis. Significa "en el principio" y es el nombre del primer libro que se encuentra en las Escrituras, así como la primera palabra en ese libro. Tenga en cuenta que yo uso la palabra "libro" de manera muy informal porque hoy en día usamos libros en forma de códice que están unidos por un lomo y, en general tienen escritura en ambas páginas. Al usar la palabra "libro" creamos una imagen mental con respecto a los manuscritos que puede no ser exacta. Los manuscritos tales como la Torá (véase el capítulo 2) y otros escritos en el Tanak (ver Nota 11) fueron escritos en pergaminos, así que en vez de la palabra libro, es más exacto referirse al pergamino o el sefer (ספר), cuando se hace referencia a estos manuscritos antiguos. Por lo tanto el "libro" de Beresheet se describe con mayor precisión como Sefer Beresheet ספר בראשית debido a que vino originalmente como un pergamino.

[5] Una de las revelaciones más importantes que se encuentran dentro de las Escrituras es el nombre de Dios, más exactamente, el nombre de Elohim. Elohim (אלהים) es la palabra hebrea apropiada que significa "Poderoso." A menudo se traduce como "Dios" y se refiere al Creador del universo que se describe en las Escrituras hebreas y cristianas. El nombre de Dios tal como se revela en las Escrituras hebreas casi 7.000 veces se escribe יהוה (ver nota 20) en hebreo moderno. Lamentablemente, el nombre ha sido reemplazado por el título ambiguo "El SEÑOR" en la mayoría de las traducciones modernas al español. Esto ha

dado lugar a la supresión del nombre del Todopoderoso hasta el punto que la mayoría del mundo nunca ha visto o escuchado el nombre que está destinado a ser conocido, adorado, alabado y reverenciado por todas las Naciones. El nombre está vinculado a muchos profetas y en particular Al profeta - Yahushua el Mesías. El conocimiento y la comprensión del nombre es fundamental para cualquier persona que considera a sí misma ser un creyente y el tema se maneja con mayor detalle en el libro 2 de la Serie Caminando en la Luz titulado "nombres."

⁶ Adam (אדם) fue una creación única y estaba íntimamente relacionado con todo el mundo creado. Su nombre está directamente relacionado con la palabra "tierra" adamah (אדמה) de la cual se deriva él a pesar de que luego recibió el "Aliento de Vida" - nishmat chayim (נשמת חיים) de Elohim. Él era el vínculo especial entre el Creador y la Creación y era un puente, por así decirlo, entre los dos. Las Escrituras registran que él fue hecho "a imagen de Elohim" y mientras permaneciera obediente podía participar del árbol de la vida. Él fue creado para vivir, como un ser completo, para siempre. Después de la transgresión en el Jardín, él junto con la mujer Hawah (חַוָּה), no Eva como muchos han sido enseñado, fueron expulsados y se les negó el acceso al árbol de la vida. Esto dio como resultado que la muerte entrara en la humanidad, que a su vez, estaba directamente relacionado con el resto de la creación. El impacto fue inmediato, aunque el proceso de la muerte física y espiritual tomaron sus propios cursos. Antes de la caída, Adán estaba "conectado a Elohim" espiritualmente. Adán podía comunicarse directamente con Dios de una manera íntima lo cual ningún ser creado fue capaz de hacer después de la caída. Después de ser expulsado fue separado de esa comunión. La muerte también comenzó a apoderarse de su cuerpo físico y del resto de la creación. Esas cosas que fueron hechas para durar para siempre comenzaron a morir y mientras el hombre fue creado originalmente a la imagen

de Dios, la descendencia de Adán, comenzando con Set, nacieron a la imagen de Adán, NO a la imagen de YHWH. (Beresheet 5: 3). Adam contenía el "aliento de vida" que no puede ser exterminado, pero él existió en un cuerpo que una vez fue eterno, pero ahora se estaba muriendo. Como resultado, sus descendientes nacieron en este mismo estado.

[7] Mosheh es la transliteración correcta para el nombre hebreo del hombre comúnmente conocido como Moisés.

[8] Yisrael es la transliteración en español para la palabra hebrea ישראל a menudo deletreado Israel. Se refiere al pueblo de Elohim, no sólo a una nación en el pasado distante que leemos en las Escrituras, ni al Estado moderno de Israel. Más bien, Yisrael es la asamblea de los creyentes que siguen la Torá de Elohim.

[9] Si bien yo creo en la infalibilidad de la palabra, no creo en la infalibilidad de los traductores humanos. El hacerlo sería negar lo evidente y, de hecho sería permanecer en la oscuridad. Hay muchos pasajes de las Escrituras que simplemente no tienen sentido para los creyentes porque han sido mal traducidos. Estas traducciones inexactas a menudo dan lugar a la confusión y a veces conducen al desarrollo de las falsas doctrinas. El ejemplo proporcionado en Yahanan 1:17 es un simple ejemplo de este hecho. Hay muchos otros que se discuten en los diversos libros incluidos en la Serie Caminando en la Luz y este asunto se discute particularmente a profundidad en el libro titulado "Las Escrituras."

[10] El uso del término "Nuevo Testamento" da la impresión de que estos textos han reemplazado a las Escrituras que comúnmente se conocen como el "Antiguo Testamento." Esta dicotomía del "Viejo" versus el "Nuevo" es consistente con la falsa doctrina de la Teología del Reemplazo, que enseña que el "Nuevo" sustituye al "Viejo" y que la iglesia es el Yisrael espiritual, que ha sustituido al

Yisrael del "Antiguo Testamento," que fue el Yisrael físico. Estos temas se abordarán más adelante en esta discusión, así como en el libro de la Serie Caminando en la Luz titulado "Los Redimidos." La colección de los escritos comúnmente llamado "El Nuevo Testamento" se denomina mejor como Las Escrituras mesiánicas porque describen el trabajo pasado y futuro del Mesías. El Nuevo Pacto, llamado con más precisión como el pacto renovado se encuentra en el Tanak (ver nota final 11), que es tan relevante hoy como las Escrituras mesiánicas. Ellas encajan como un paquete completo y el "Nuevo" no sustituye ni reemplaza al "Viejo." De hecho, los primeros creyentes sólo tenían el Tanak (ver nota 11) ya que las Escrituras mesiánicas no fueron escritas por décadas después de la resurrección del Mesías. Creo que la Torá (véase el capítulo 2) es la base de la fe en YHWH y por lo tanto evito el uso de las distinciones del "Viejo" y del "Nuevo" que tienden a disminuir el Tanak. Este tema se describe con mayor detalle en los libros de la Serie Caminando en la Luz titulados "Las Escrituras" y "Los Pactos."

[11] El Tanaj es la recopilación de las Escrituras comúnmente conocida como La biblia hebrea o El Antiguo Testamento en las biblias cristianas. Consiste en la Torá (Instrucción), Nebi'im (profetas) y los Kethubim (Escritos), de ahí el acrónimo hebreo TNK que se pronuncia tah-nak.

[12] Citación y definiciones anteriores de los Símbolos Antiguos Semíticos de *Hebrew Word Pictures*, Dr. Frank T. Seekins, Living Word Pictures, Inc., Phoenix, Arizona 2003 (Elohim insertado en el lugar de Dios).

[13] Un sabio hebreo del siglo 12 nombrado Nahmánides en su estudio sobre Beresheet Capítulo 1 llegó a la conclusión de que vivimos en 10 dimensiones, 4 que son reconocibles y 6 que son irreconocibles. Interesantemente él llegó a estas conclusiones a través de su estudio de la Torá. Físicos de

partículas del Siglo 20 han llegado a las mismas conclusiones. La ciencia moderna ha confirmado que hay 10 dimensiones - 4 que son directamente medibles que consisten de altura, anchura, longitud y tiempo, y 6 que están amontonadas en menos de 10^{-33} cm y por lo tanto deducibles únicamente por medios indirectos. La caída del hombre en el jardín puede haber dado lugar a la fractura de la creación dividiendo las 4 dimensiones físicas de las 6 dimensiones hiperactivas o dimensiones espirituales.

[14] A lo largo del texto es posible que las palabras "judío," y "judíos" están en cursiva porque son términos ambiguos y, a veces despectivos. A veces estas expresiones se utilizan para describir a todos los descendientes genéticos de Yaakob (Jacob), mientras que en otras ocasiones las palabras describen los adherentes a la religión llamada judaísmo. Los términos se aplican comúnmente a Israelitas antiguos, así como a descendientes de hoy en día de las tribus, ya sean ateos o creyentes en el Todopoderoso. La palabra "Judío" se refería originalmente a un miembro de la tribu de Yahudah (Judá) o una persona que vivía en la región de Judea. Después de los diferentes exilios del reino de Yisrael y el reino de Yahudah, fueron los Yahudim los que regresaron a la tierra, mientras que la casa de Yisrael fue esparcida hasta los confines de la tierra (Yirmeyahu (Jeremías) 09:16). Debido a que los Yahudim eran los descendientes reconocibles de Yaakob, pasado el tiempo, con el reino de Yisrael en el exilio, los Yahudim llegaron a representar a Yisrael y por lo tanto el término "judío" llegó a representar a un Yisraelita. Mientras que esta etiqueta se hizo común y habitual, no es precisa y es la causa de la tremenda confusión. Este tema se describe con mayor detalle en el libro de la Serie Caminando en la Luz titulado "Los Redimidos."

[15] El tema de la Doctrina del Dispensacionalismo se discutirá con más detalle en el capítulo 5, basta señalar que

es una doctrina muy penetrante en el cristianismo moderno occidental aunque bastante nueva.

[16] Shaul (שאול) pronunciado sha-ool es la transliteración correcta para el nombre hebreo del apóstol comúnmente llamado Pablo.

[17] En pocas palabras, la teología preconcebida es una idea o doctrina que se le enseña a una persona o que cree que es verdad sin estar necesariamente basada en las Escrituras. Muchas veces una persona aprende de sus amigos, padres o de su pastor antes de leer las Escrituras. Esto le sucede, inevitablemente, a todas las personas, ya que suelen ir a la Escuela Dominical antes de convertirse en estudiosos de la Biblia. Como resultado de todo este condicionamiento que recibimos de varias fuentes a medida que crecemos - y cuando finalmente nos esforzamos para leer y estudiar las Escrituras - lo hacemos con muchos de nuestros sistemas de creencias ya existentes. Esto a veces resulta en una interpretación de las Escrituras de tal manera que encaja dentro del paradigma construido por nuestra creencia preexistente, más que por el verdadero significado de las Escrituras. Es muy importante que nos despojemos de las doctrinas que no están de acuerdo con las Escrituras, pero esto a veces es difícil cuando las Escrituras ya han sido filtradas a través de la teología preconcebida de otra persona (por ejemplo, la del traductor). De ahí, la necesidad de volver a las raíces de la fe y a las transcripciones más precisas de las Escrituras para que podamos deducir su intención y el significado original.

[18] El término "Antiguo Testamento" se utiliza a menudo para describir las Escrituras comúnmente conocidas como la "Biblia judía" o el Tanak. Creo que el término "Antiguo Testamento" es terriblemente engañoso, ya que da la impresión de que todo lo que contiene es viejo o anticuado. Mientras crecía en una de las denominaciones cristianas

principales, se me dio la impresión de que el AT estaba lleno de grandes historias, pero aplicaba a "Los judíos" y fue reemplazado finalmente por el "Nuevo Testamento," que contenía las Escrituras importantes para los cristianos. Si bien esto puede o no haber sido hecho intencionadamente, creo que es una noción que es dominante en gran parte de la religión cristiana. Sin duda el Tanak y, en particular, la Torá son esenciales para la fe y estas son las Escrituras que deben estar en el centro del sistema de creencias de cada persona. Si estas verdades no están en la base y no se consideran completamente relevantes para hoy en día, entonces las personas están propensas a ser engañadas y a seguir doctrinas falsas y retorcidas. Este asunto se discute en detalle en el libro de la Serie Caminando en la Luz titulado "Las Escrituras."

[19] Aquí es donde el cristianismo va en conflicto. La historia revela a hombres como Marción que enseñaban que el "Dios" del "Antiguo Testamento" es diferente que el "Dios" del "Nuevo Testamento." La impresión que da es que el "nuevo" es mejor que el "viejo" y que el "nuevo," incluso ha sustituido al "viejo." Esta es una enseñanza muy peligrosa y - no hace falta decir - falsa, y ha llevado a otras distinciones erróneas como la hecha entre Yisrael y "La iglesia." La palabra iglesia es una palabra hecha por el hombre que normalmente se asocia con la religión católica y cristiana. En ese contexto pretende describir la entidad corporativa de la fe. Se utiliza en las Biblias más modernas en español como una traducción de la palabra griega ekklesia (ἐκκλέσία), que simplemente significa "asamblea." No tiene ninguna connotación religiosa necesariamente como se puede ver en Hechos 19: 39-41, donde la palabra ekklesia se utilizó para referirse a los tribunales y también a la multitud desenfrenada que acusaba a algunos de los discípulos. Cuando se aplica a los creyentes se refiere a la "asamblea apartada de YHWH." La palabra "iglesia" se deriva de orígenes paganos, a saber el nombre de Circe la

hija de Helios, y su mal uso es parte del problema asociado con la Teología del Reemplazo que enseña que la "iglesia" ha reemplazado a Yisrael, que en hebreo se llama qahal (lhq): "la asamblea apartada de YHWH." La *qahal* hebrea y la *ekklesia* griega, por tanto, representan la misma cosa cuando se refiere a los creyentes: La Comunidad de Yisrael. Por lo tanto, el uso continuo de la palabra "iglesia" es divisivo, confuso y simplemente incorrecto. Este tema se describe con mayor detalle en el libro de la Serie Caminando en la Luz titulado "Los Redimidos."

[20] YHWH (יהוה) es el nombre de cuatro letras del Elohim que se describe en las Escrituras. Este nombre de cuatro letras comúnmente se ha llamado el "Tetragramatón" y tradicionalmente se ha considerado como inefable o impronunciable. Como resultado, a pesar de que se encuentra cerca de 7.000 veces en las Escrituras hebreas, ha sido sustituido por títulos como "El Señor," "Adonai" y "HaShem." Yo creo que esta práctica es una violación directa del primer y tercer mandamiento. Algunas pronunciaciones comúnmente aceptadas son: Yahweh, Yahuwah y Yahowah. Dado que hay un debate sobre cúal es la pronunciación, yo simplemente utilizo el nombre tal como se encuentra en las Escrituras, aunque lo deletreo en español de izquierda a derecha, en lugar de en hebreo de derecha a izquierda. Para la persona que realmente desea conocer la naturaleza del Elohim que se describe en las Escrituras, un buen lugar para comenzar es el nombre por el cual Él se reveló a toda la humanidad.

[21] Kepha es la transliteración correcta para el nombre hebreo del discípulo comúnmente llamado Pedro.

[22] Yahrushalayim es una transliteración de la palabra comúnmente pronunciada como Jerusalén. Dado que no hay "J" en hebreo sería imposible que el nombre real de la ciudad fuera Jerusalén. Dado que es una ciudad donde

YHWH colocará su nombre (2 Crónicas 33: 4), sólo tiene sentido que incluyera la forma corta poética del nombre "Yah."

[23] Las fiestas de YHWH, también llamadas los tiempos señalados o moadim nunca pertenecieron a los "judíos" y contrario a la creencia popular, no son las fiestas "judías." Más bien pertenecen a YHWH como se manifiesta específicamente en Vayiqra 23: 4. Son tiempos de celebración para todos los que sirven a YHWH. Este tema se trata en detalle en el libro de la Serie Caminando en la Luz titulado "Los tiempos señalados."

[24] Los Yisraelitas no sólo eran descendientes directos de las Doce Tribus de Yisrael, sino que también gentiles conversos. Toda esta Comunidad de Yisrael se dividió en diferentes grupos y siguió diferentes doctrinas y estilos de vida. Si bien este no es el deseo final de YHWH que su pueblo se dividiera, es lo que sucede cuando los hombres se apartan de la verdad como ovejas que no tienen pastor. (Mattityahu 9:36). Los primeros creyentes de Yahushua fueron una secta de Yisrael que creyó que Él era el Mesías. Esto se mantuvo hasta que el cristianismo se convirtió en una religión nueva y separada aparte de Yisrael.

[25] *Antigüedades de los Judíos* 12.10.6 (13.297), Flavio Josefo, [Traducción de Whiston p. 281].

[26] *El Yeshua Hebreo frente al Jesús Griego*, Nehemia Gordon, Hilkiah Press (2005).

[27] Para tratar bien el levantamiento del judaísmo rabínico recomiendo el libro *El Mesías de Rabí Akiba: Los Orígenes de la Autoridad Rabínica* de Daniel Grubner, Elías Publishing (1999).

[28] Ibid Gordon, Nehemia, Apéndice 3, página 83.

[29] Comentario Judío del Nuevo Testamento, David H. Stern, Publicaciones Judías del Nuevo Testamento, Inc.

(1992) Página 25 (El uso de Elohim y el deletreo de Yahushua conformado para la consistencia de este autor).

[30] La mikvah es de donde se deriva la doctrina cristiana del bautismo aunque no comenzó con el cristianismo y fue ordenado por YHWH mucho antes de que llegara el Mesías. Era algo natural que los Yisraelitas hacían, de hecho, había cientos de mikvahs en el templo y era obligatorio que una persona se sumergiera en una mikvah antes de presentar su sacrificio. La palabra hebrea para bautizar es tevila (טְבִיל) que es una inmersión de todo el cuerpo que tiene lugar en una mikvah (מקוה) que viene del pasaje de Beresheet 1:10 cuando YHWH "reunió" las aguas. La mikvah es la reunión de las aguas que fluyen. La inmersión "tevila" simboliza que una persona pasa de un estado de impureza a limpieza. Los sacerdotes en el templo debían de hacer tevila regularmente para asegurarse de que estaban en un estado de limpieza cuando servían en el templo. Cualquiera que fuera al templo para adorar u ofrecer sacrificios tenía que hacer tevila en las numerosas piscinas fuera del templo. Hay una variedad de casos que se encuentran en la Torá cuando una persona estaba obligada a hacer tevila. Esto es muy importante porque nos recuerda de la inmundicia del pecado y de la necesidad de ser lavados de nuestro pecado, a fin de estar en la presencia de un Elohim santo, apartado. Por lo tanto, tiene todo el sentido que seamos inmersos en una mikvah antes de presentar el sacrificio del cordero perfecto como expiación por nuestros pecados. También limpia nuestro templo en el cual el Espíritu de Dios entrará para morar con nosotros. El tevila es simbólico de llegar a nacer de nuevo y es un acto de pasar de una vida a otra. Nacer de nuevo no es algo que se hizo popular en los años setenta dentro de la religión cristiana. Es un concepto notablemente Yisraelita que se entendía que ocurriría cuando uno se levantaba de la mikvah. De hecho las personas que presencian una inmersión a menudo exclamarían "¡Nacido de nuevo!"

cuando una persona hacía una inmersión. También era una parte integral del proceso de conversión rabínica, que, en muchos aspectos no es bíblica, pero en este sentido es correcta. Para que un gentil completara su conversión, se le exigía que fuera inmerso, o bautizado, lo que significaba que había nacido de nuevo: nacido en una nueva vida. Muchas personas no se dan cuenta que este concepto no es un concepto cristiano debido a la interacción entre el Mesías y Nicodemo. Echemos un vistazo a esa conversación en el Evangelio según Yahanan: *"[1] Había un hombre de los fariseos que se llamaba Nicodemo, un principal entre los Yahudim. [2] Este vino a Yahushua de noche, y le dijo: Rabí, sabemos que has venido de Elohim como maestro; porque nadie puede hacer estas señales que tú haces, si no está Elohim con él. [3] Respondió Yahushua y le dijo: De cierto, de cierto te digo, que el que no naciere de nuevo, no puede ver el reino de Elohim. [4] Nicodemo le dijo: ¿Cómo puede un hombre nacer siendo viejo? ¿Puede acaso entrar por segunda vez en el vientre de su madre, y nacer? [5] Respondió Yahushua: De cierto, de cierto te digo, que el que no naciere de agua y del Espíritu, no puede entrar en el reino de Elohim. [6] Lo que es nacido de la carne, carne es; y lo que es nacido del Espíritu, espíritu es. [7] No te maravilles de que te dije: Os es necesario nacer de nuevo. [8] El viento sopla de donde quiere, y oyes su sonido; mas ni sabes de dónde viene, ni a dónde va; así es todo aquel que es nacido del Espíritu. [9] Respondió Nicodemo y le dijo: ¿Cómo puede hacerse esto? [10] Respondió Yahushua y le dijo: ¿Eres tú maestro de Yisrael, y no sabes esto? [11] De cierto, de cierto te digo, que lo que sabemos hablamos, y lo que hemos visto, testificamos; y no recibís nuestro testimonio. [12] Si os he dicho cosas terrenales, y no creéis, ¿cómo creeréis si os dijere las celestiales? [13] Nadie subió al cielo, sino el que descendió del cielo; el Hijo del Hombre, que está en el cielo. [14] Y como Mosheh levantó la serpiente en el desierto, así es necesario que el Hijo del Hombre sea levantado, [15] para que todo aquel que en él cree, no se pierda, mas tenga vida eterna."* Yahanan 3:1-15. Nicodemo no estaba sorprendido por el hecho de que una persona necesitaba "nacer de nuevo." Su primer pregunta: "*¿Cómo puede un hombre nacer siendo viejo?* " demostraba que no veía cómo esto aplicaba a él, porque él ya era un Yahudim. Su segunda pregunta: "¿Cómo puede ser esto?," simplemente afirmaba ese hecho. Y esta es la razón porque Yahushua dijo: " Tú eres maestro de Yisrael y no entiendes estas cosas." En otras palabras, "se supone que usted es el que debe estar enseñando a Yisrael sobre estos asuntos espirituales y no lo está haciendo. Usted cree que sólo los gentiles tienen que hacer inmersión y nacer de nuevo, pero todos ustedes lo necesitan, porque todos son pecadores y esto necesita ser enseñado a todo el mundo, no sólo a los gentiles." Así que, el nacer de nuevo a través de la inmersión no era nuevo para Yisrael, es por eso que muchos fácilmente fueron sumergidos por Yahanan el Inmersor - que entendían su necesidad. A menudo eran los líderes que no podían ver su necesidad de limpieza porque estaban cegados por la idea de que su observancia de la Torá los justificaba. Es importante tener en cuenta que el tevila debe ocurrir en "aguas vivas" - en otras palabras, el agua que se mueve e idealmente que contenga vida. Estas aguas vivas se refieren al Mesías. En un matrimonio bíblico, una novia entraría en las aguas de purificación antes de su boda. Estas son las mismas aguas a las que debemos de entrar cuando hacemos una confesión de fe y cuando formamos parte del Cuerpo del Mesías - Su novia. Una novia también entra en las aguas de separación cuando su periodo de nidá ha finalizado para que pueda reunirse con su marido. La tradición oral requiere aproximadamente de 200 galones de agua con el fin de calificar como una mikvah.

[31] Hay algo incluso más profundo aquí que el desafío de una tradición farisaica. El hecho de que se nos dice la cantidad específica de agua que las jarras podrían sostener

(aproximadamente 180 galones), es evidente que estas jarras de piedra se utilizaban para una mikvah. El hecho de que la escena es una fiesta de bodas apunta directamente a la imagen de una novia tornándose ritualmente pura para unirse físicamente con su marido. El hecho de que Yahushua usara esas jarras que se suponía iban a proporcionar la limpieza de la novia y que las llenara de agua, que luego se convirtió en vino, es una imagen increíble de la obra del Mesías. En la última cena Él declaró que el vino simboliza Su sangre que nos lleva de vuelta al milagro de convertir el agua en vino. Habla del poder limpiador de Su sangre y así como las aguas de vida limpian a una novia así la sangre del Mesías limpia a Su novia. Este tema es un libro en sí mismo, y animo al lector a contemplar este milagro, el cual tiene mucho más significado que algún "truco de magia" de convertir el agua en vino, tal como muchos perciben de manera simplista el evento en Caná.

[32] Talmud - Mas. Shabat 10 8B "[Poner] vino en el ojo de alguien está prohibido; [ponerlo] en el ojo, está permitido. Mientras que el otro dijo: [Poner] saliva insípida, incluso en el ojo, está prohibido."

[33] La curación de un leproso no fue un acto al azar - fue intencional y simbólico - al igual que la curación de los ciegos, los cojos, los sordos y los mudos y resucitar a los muertos. Estas eran cosas que fueron profetizadas que el Mesías haría en relación con la casa de Yaakob (Jacob). Es por eso que Yahushua instruyó a los discípulos de Yahanan el Inmersor de la siguiente manera: *"[22] Y respondiendo Yahushua, les dijo: Id, haced saber a Yahanan lo que habéis visto y oído: los ciegos ven, los cojos andan, los leprosos son limpiados, los sordos oyen, los muertos son resucitados, y a los pobres es anunciado el evangelio; [23] y bienaventurado es aquel que no halle tropiezo en mí."* Lucas 7: 22-23. Todas estas eran señales del Mesías.

[34] Mitzvot es la palabra hebrea para Mandamiento y el mitzvot referente específicamente a una persona sanada de la lepra se encuentra en Vayiqra 14: 1-32. Es muy detallado y algunos dijeron que esto era detallado porque era una señal del Mesías. Cuando una persona aparecía realizando este mitzvot, alertaría a los sacerdotes que el Mesías o un gran profeta había llegado.

[35] Los líderes religiosos habían desarrollado 39 categorías principales de trabajo que era prohibido en el Shabat, junto con numerosas subcategorías. Ellos probablemente definieron las acciones de los discípulos como cayendo en la categoría de cosechar.

[36] http://www.beingjewish.com/shabbat/washing.html

[37] Un buen ejemplo de la diferencia entre el "yugo" de la Torá y el "yugo" de los fariseos se puede ver en relación con el Shabat. Mientras que la Torá sólo tiene unas pocas órdenes específicas sobre el Shabat, el Takanot de los fariseos y los rabinos se compone de cientos, si no miles de reglas y regulaciones. El yugo de la Torá es luz y tiene la intención de guiarnos en los caminos de la justicia, mientras que el yugo de los hombres se convierte en una carga que pocos, si alguno, puede soportar.

[38] Existen claramente aquellos siervos que hablan y enseñan la verdad y lo hacen con autoridad legítima. El servicio del templo también tenía normas muy explícitas y había ciertas funciones que sólo los levitas, los cohens o el sumo sacerdote podía realizar. En última instancia, cuando estamos hablando de hacer asamblea juntos y adorar hay una necesidad de orden y está perfectamente bien que a los individuos se les de la autoridad para coordinar y servir a la asamblea. La distinción importante es que esos funcionarios no tienen la autoridad para "gobernar sobre" las personas que están sirviendo. Cada creyente tiene la oportunidad de estar en comunión con el Creador y recibir

instrucciones directamente de Él. Eso es lo que Él quiere y a Él no le gustan los hombres, en particular los "líderes" religiosos metiendo sus narices donde no les incumbe. Siempre me molestó observar a las personas que corrían a donde el pastor, sacerdote o rabino cada vez que tenían un problema en lugar de correr a su Sumo Sacerdote - Yahushua. Si bien el compañerismo es importante y tenemos mucho que aprender de nuestros hermanos, es un mal hábito entrometerse.

[39] El judaísmo rabínico tiene una larga historia de trabajar contra el ministerio e incluso el nombre de Yahushua. Si bien el judaísmo no es conocido por el evangelismo e incluso anima a la gente a estar en contra de la conversión, hay un grupo activo conocido como "anti-misioneros" que tratan de contrarrestar las enseñanzas del cristianismo y cualquier otro sistema o enseñanza que implica al Mesías Yahushua.

[40] Esta traducción corrige a la mayoría de traducciones en español más modernas que se derivan del texto griego aceptado. El texto hebreo ofrece una comprensión mucho más consistente y más clara de la enseñanza de Yahushua que ha desconcertado a muchos estudiosos de la Biblia durante siglos. La existencia del Mateo Hebreo es indiscutible y muchos de los primeros creyentes escribieron sobre el hecho de que Mattityahu (Mateo) escribió su relato en hebreo. Papías, un discípulo de Yahanan (ca 60-130 dC) escribió: "Mattityahu recopiló los Oráculos en el idioma hebreo, y cada uno los interpretó lo mejor que pudo." También fue referido por Ireneo, Origen citado por Eusebio y Eusebio. *El Evangelio Hebreo de Mateo*, George Howard, Mercer University Press, 1995, pp. 155-160.

[41] Mattityahu es la traducción correcta para el nombre del discípulo comúnmente llamado Mateo. Su nombre significa: "Regalo de Yah."

⁴² Rabbinowitz, Noel S. Mateo 23: 2-4: *¿Reconoce Jesús la autoridad de los fariseos y endosa Él sus Halakah?* Diario de la Sociedad Teológica Evangélica JETS 46/3 (Sept. 2003) pp. 423-47.

⁴³ Examinar los paralelismos entre Mosheh y Yahushua es verdaderamente un estudio en sí mismo aunque vale la pena comentar que ambos comenzaron sus vidas en el más humilde de los comienzos, Mosheh en un arca y Yahushua en una Sucá, o pesebre. Tanto el Arca y la Sucá simbolizan la cobertura o protección de YHWH y tienen un profundo significado espiritual. Mientras que Mosheh fue descrito como *" muy manso, más que todos los hombres que había sobre la tierra"* (Bemidbar 12: 3) él también era como un "dios." (Shemot 4:16). Así también Yahushua fue humilde (Mattityahu 11:29) y Él declaró: *" El que me ha visto a mí, ha visto al Padre"* Yahanan 14: 9. Ambos fueron adoptados en la familia de su padre terrenal - Mosheh en la casa de Faraón y Yahushua en la casa de Yosef. Mientras que las Escrituras revelan que Yahushua vino de la Semilla de YHWH, ellas no revelan la semilla de la que vino Mosheh - por lo tanto la ausencia de un padre terrenal - esto, por supuesto, no es una coincidencia. Ambos pasaron un tiempo en el desierto, ambos pasaron tiempo en la montaña, ambos mediaron el matrimonio entre YHWH y su pueblo Yisrael, ambos enseñaron la Torá y curiosamente, donde Mosheh quedó después de Redimir a Yisrael por la mano de YHWH, su protegido Yahushua (Josué) retomó y circuncidó al pueblo y los llevó a la tierra prometida por la Mano de YHWH. Una vez más los patrones no podían ser más claros para seguirlos nosotros. El Mesías en su doble papel de siervo sufriente (Yeshayahu 53) y Rey Conquistador (Jeremías (Yirmeyahu) 23:5-6) funcionará en ambos roles.

⁴⁴ El "libro" de Deuteronomio se describiría mejor como el Sefer Debarim ספר דברים debido a que salió originalmente

como un pergamino. Debarim significa "palabras" en hebreo.

[45] Lo que pasó en el Monte Sinaí fue una ceremonia matrimonial entre YHWH y Su novia - Yisrael. Después de liberarla de la esclavitud, Él luego le dio la oportunidad de convertirse en Su novia - si ella estaba de acuerdo a obedecer la Torá. La Torá fue, en esencia, un contrato de matrimonio o una ketubah. El pueblo declaró: *"Todo lo que YHWH ha dicho, haremos."* Shemot 19: 8. En otras palabras, "Acepto" o más bien "Aceptamos." Ellos estuvieron de acuerdo en el matrimonio y se les ordenó prepararse para la ceremonia matrimonial purificándose y consagrándose. Después de escuchar los diez mandamientos no pudieron aguantarlo más y le pidieron a Mosheh que transmitiera las palabras de YHWH. Mosheh subió a la montaña, mientras que el pueblo esperaba y finalmente se pusieron impacientes. Ellos decidieron hacer su propia fiesta a YHWH y hacer un becerro de oro, al igual que lo habían visto en Mitzrayim (Egipto). Ya habían recibido instrucciones de no hacer ninguna imagen y si tan sólo hubieran esperado y escuchado un poco más, habrían escuchado la instrucción con respecto a un altar y la prohibición de los dioses de oro y plata que se ordenó inmediatamente después del décimo mandamiento. Sin embargo, ellos cometieron adulterio antes de que se consumara el matrimonio. En términos muy crudos, fue como una novia excusándose durante la fiesta de bodas para tener relaciones sexuales con un viejo novio mientras el novio la está esperando para irse a su luna de miel. Fue comprensiblemente exasperante para YHWH. Como resultado, el pacto se rompió, y Mosheh rompió literalmente las tablas que contenían el pacto. Mosheh posteriormente subió a YHWH para hacer expiación (Shemot 32:30). El pacto fue posteriormente renovado y puesto sobre nuevas tablas, esta vez cortadas por Mosheh en lugar de YHWH, que proporcionó una vívida imagen del

Mesías y el futuro pacto renovado, aunque los términos fueron escritos por YHWH y siguen siendo los mismos - la Torá. El deseo de YHWH es que Su novia lo conozca a Él. De hecho, hay que "conocer a YHWH" para estar casado con Él y este "conocimiento" es mucho más que un apretón de manos o una amigable introducción. La palabra hebrea para conocer es yada (ידע), la cual tiene una variedad de significados, pero en este contexto significa relaciones íntimas. El ejemplo que se proporciona a través de las Escrituras es el "conocimiento" íntimo compartido entre un esposo y una esposa. Mientras que YHWH siempre fue un marido fiel a su novia, Yisrael no fue siempre una novia fiel. Ella fue a prostituirse y la casa de Yisrael en realidad se divorció de YHWH. Como resultado de ello, antes de que la obra de restauración de YHWH se pueda completar, Él debe renovar el pacto con Yisrael, Su novia - no con la iglesia.

[46] El plan de YHWH se presenta a través de Sus pactos - ninguno de los cuales se han suprimido o eliminado como a menudo se enseña por el cristianismo. El llamado "Antiguo Pacto" que se encuentra en el Tanak fue el proceso de restauración de la humanidad de su estado caído a un pueblo Redimido llamado Yisrael que sería un reino de Sacerdotes que obedecerían a YHWH y ejercerían dominio sobre la tierra como Adán estaba destinado a hacer. Debido a que Yisrael se dividió y, posteriormente, la casa de Yisrael y la casa de Yahudah rompieron el pacto, este necesitaba ser renovado. Así como el pacto original involucraba la Torá, así también el pacto renovado involucraba la Torá - sólo que cuando se renovara estaría escrita en nuestros corazones y mentes en lugar de tablas de piedra. Lea lo que el profeta Yirmeyahu (Jeremías) proclama: "*[31] He aquí que vienen días, dice YHWH, en los cuales haré un pacto renovado con la casa de Yisrael y con la casa de Yahudah. [32] No como el pacto que hice con sus padres el día que tomé su mano para sacarlos de la tierra*

de Egipto; porque ellos invalidaron mi pacto, aunque fui yo un marido para ellos, dice YHWH. ³³ Pero este es el pacto que haré con la casa de Yisrael después de aquellos días, dice YHWH: Daré mi Torá en su mente, y la escribiré en su corazón; y yo seré a ellos por Elohim, y ellos me serán por pueblo. ³⁴ Y no enseñará más ninguno a su prójimo, ni ninguno a su hermano, diciendo: Conoce a YHWH; porque todos me conocerán, desde el más pequeño de ellos hasta el más grande, dice YHWH; porque perdonaré la maldad de ellos, y no me acordaré más de su pecado." Yirmeyahu 31: 31-34. El tema de los pactos se describe con mayor detalle en el libro de la Serie Caminando en la Luz titulado "Los Pactos."

⁴⁷ Yirmeyahu (ירמיהו) es la transliteración correcta para el nombre hebreo del profeta comúnmente llamado Jeremías.

⁴⁸ El Shema, también conocido como El Sh'ma es a menudo considerado como una oración, pero tal como el Mesías señaló, es el Primer Mandamiento que declara: *" ⁴ Oye, Yisrael: YHWH nuestro Elohim, YHWH uno es. ⁵ Y amarás a YHWH tu Elohim de todo tu corazón, y de toda tu alma, y con todas tus fuerzas."* Debarim 6: 4-5. Este mandamiento se encuentra en el Tanak aunque Yahushua continúa enseñando que es el Primer Mandamiento. Esto va directamente en oposición a los que argumentan que el Mesías se deshizo de la Torá o que cambió la Torá, que por supuesto es absurdo e imposible.

⁴⁹ Un siervo es la relación que existe cuando un individuo decide servir y seguir a otro. Las Escrituras describen a una persona que era un esclavo o sirviente y con el derecho a su libertad en el séptimo año (Shabat), pero por el amor que tiene por su Amo, se somete voluntariamente a servirle y a convertirse en parte de su casa para siempre. (Shemot 21: 1-6). Muchos de los primeros discípulos se describen a sí mismos como siervos incluyendo Shaul y Timotheos

(Filipenses 1: 1; Tito 1: 1, Romanos 1: 1), Epafras (Colosenses 4:12), Santiago (Yaakob 1: 1), Shimon Kepha (2 Kepha 1: 1) y Judas (Yahudah 1). Incluso el Mesías fue descrito como tomando la forma de siervo (Filipenses 2: 7).

[50] Es importante entender la diferencia entre justicia y misericordia. Si usted está buscando justicia todo el tiempo es posible que usted obtenga justicia a cambio, pero eso puede que no sea lo que usted quiera. Vea, todos somos dignos de muerte, porque todos hemos transgredido intencionalmente la Torá en un momento u otro. Por lo tanto, si usted quiere justicia, que es algo que usted se merece, entonces usted puede tenerla - que es la muerte. Yo prefiero la misericordia - conseguir algo que no merezco. Del mismo modo, Yahushua está instruyendo a sus seguidores a ser como YHWH - Quien es paciente y rico en misericordia - cuando se trata con otros.

[51] Los esenios eran una de las muchas sectas diferentes de Yisraelitas que existían en la época de Yahushua. Hay mucha especulación respecto a si era un grupo monástico basado en Qumran en el extremo norte del Mar Muerto o si estaban, de hecho, viviendo en medio de la mayor congregación de Yisrael. Muchos de sus aportes de sus enseñanzas y creencias se han obtenido a partir del descubrimiento de los Rollos del Mar Muerto, que también nos da una mayor comprensión de las enseñanzas de Yahushua, tal como él probablemente se estaba refiriendo a un texto esenio que decía "... soportar el odio implacable hacia todos los hombres de mala reputación ... dejar que ellos persigan la riqueza y la ganancia mercenaria ... sometiéndose a un déspota. "(Man. de Disc. Ix, 21-26).

[52] El Diccionario American Heritage.

[53] *El Libro Judío de Porqué*, Alfred J. Kolatch, Penguin Group (2000) p.173.

[54] Los tiempos señalados descritos en Vayiqra 23, así como otras partes de la Torá, a menudo son llamados erróneamente como las fiestas judías. Esto es un grave error, porque YHWH específicamente dice que se tratan de "Mis tiempos señalados." No pertenecen a ningún grupo étnico o religioso. Este tema se discute en mayor detalle en el libro de la Serie Caminando en la Luz titulado "Los Tiempos Señalados". Para efectos de esta discusión, es importante señalar que la fiesta de Pentecostés tiene lugar 50 días después de la fiesta de las Primicias que ocurre durante la fiesta de Panes sin Levadura. Pentecostés, también conocido como Shavuot (semanas) es una de las tres fiestas que se les manda a todos los hombres a subir a Yahrushalayim. Mientras estaba en la fiesta, usted iría al templo, o mejor dicho, a la casa de YHWH, para la oración y las ofrendas, particularmente durante la mañana (9:00 am) y la tarde (3:00 pm también conocida como la hora novena). Contrariamente a la creencia popular, en el día de Pentecostés, los discípulos no estaban acurrucados en la sala superior, que era sin duda muy pequeña. Más bien estaban en la casa de YHWH a las 9:00 am para la fiesta. Así es como una multitud tan grande de todo el mundo podía reunirse para presenciar el derramamiento y el hablar en muchas lenguas. Estos eran todos los Yisraelitas observantes de la Torá que se encontraban presentes en la fiesta. Las Escrituras registran que 3000 se añadieron a la fe y fueron bautizados, o más bien sumergidos. Había cientos de mikvahs en el templo donde la gente se purificaría antes de entrar en la casa de YHWH, así es como fueron capaces de sumergir a tanta gente.

[55] En un esfuerzo por no violar ninguno de los mandamientos, los rabinos y sus antecesores "construyeron una cerca" alrededor de la Torá, lo que significa que desarrollaron un nuevo conjunto de normas destinadas a mantener al pueblo lejos de violar cualquiera de los mandamientos. Si bien esto puede parecer una tarea noble,

en realidad es muy presuntuoso y es una clara violación de la Torá cuando se trata de añadirle a la Torá, que a menudo es exactamente lo que sucede. Como resultado, los hombres empiezan a aprender, a estudiar y a obedecer las regulaciones hechas por el hombre que luego disminuyen y reemplazan a las claras instrucciones que se encuentran dentro de la propia Torá.

[56] Hay 14 escritos atribuidos a Shaul aunque existe especulación considerable en la comunidad académica en cuanto a la autoría de las epístolas como Efesios, Colosenses, 2 Tesalonicenses, Tito, Timoteo, 2 Timoteo y Hebreos por nombrar algunos de ellos. De hecho, Origen (ca 182 - ca 251 EC), a pesar de los problemas relativos a su doctrina influenciada por Platón, declaró específicamente que Shaul no escribió la carta a los Hebreos, y sólo Dios sabe quién lo hizo. Las razones de la especulación pueden variar en el contenido doctrinal a los estilos actuales de escritura. Se cree también que había muchas otras cartas que él escribió que se han perdido. El punto es que Saúl era un hombre, era un maestro y un misionero. También fue un erudito bien enseñado sobre la Torá. Yo no creo que él escribió sus cartas con la intención de que fueran tratados como Escritura. De hecho, si él viera cómo las personas consideran sus cartas, a veces superiores a la Torá y a las enseñanzas del Mesías, probablemente le hubiera provocado ira o angustia.

[57] Shaul entendió correctamente que era la circuncisión del corazón que fue realizada por el Mesías y que era fundamental para el pacto renovado. El profeta Yirmeyahu abordó el tema siglos después. *"[25] He aquí que vienen días, dice YHWH, en que castigaré a todo circuncidado, y a todo incircunciso; [26] a Mitsrayim y a Yahudah, a Edom y a los hijos de Amón y de Moab, y a todos los arrinconados en el postrer rincón, los que moran en el desierto; porque todas las naciones son incircuncisas, y toda la casa de Yisrael es*

incircuncisa de corazón." Jeremías 9:25-26 RVR1960. Fue a través de los esfuerzos de Shaul que se quiso explicar esta importante verdad, que a menudo resultó que él fuera señalado como enseñando en contra de la Torá.

[58] El nombre hebreo correcto del hermano de Yahushua, a menudo llamado Santiago, es Yaakob.

[59] La religión cristiana pasa demasiado tiempo centrándose en el apóstol Shaul que a menudo descuida el hecho de que Yaakob, el medio hermano del Mesías, fue el líder indiscutible de la asamblea de los creyentes de Yahrushalayim, que obviamente era el centro de la fe de Yisrael. Él y los ancianos le dieron instrucciones a Shaul, y los escritos de Yaakob concernientes a la Torá son claros y sin ambigüedades. Yo recomendaría que todos examinen los escritos de Yaakob para un sólido análisis de la relación entre la Torá y la gracia.

[60] La experiencia del camino hacia Damasco no fue una conversión como a muchos les gusta describirlo. Shaul no se convirtió al cristianismo ya que ni siquiera existía el cristianismo durante cientos de años después de ese tiempo. Contrario a la creencia popular, la religión cristiana no es la misma fe que lo que se había practicado por los primeros discípulos del Mesías e Yisrael. Todos los discípulos originales fueron Yisraelitas y todos los creyentes originales fueron Yisraelitas. Los primeros gentiles convertidos fueron "injertados" al olivo que representa La Comunidad de Yisrael (Romanos 11). Durante las décadas y los siglos que siguieron a la muerte y resurrección del Mesías, las doctrinas paganas y el antisemitismo se infiltraron y dividieron a la asamblea de los Creyentes. La persecución histórica de los Yisraelitas por el Imperio Romano condujo a la desaparición de los Creyentes Yisraelitas (comúnmente llamados nazarenos), y el surgimiento del cristianismo, perpetró el concepto de que

"la iglesia" había reemplazado a los elegidos de Elohim, que es Yisrael. La religión cristiana fue establecida oficialmente por el Imperio Romano en el siglo III por el emperador Constantino - un pagano que adoraba a Mitra, el dios sol. Para entonces se había producido una desviación significativa de la fe original presentada en las Escrituras por Abraham, Yitshaq, Yaakob, Mosheh, los profetas y el Mesías. La nueva religión llamada cristianismo era una mezcla de la verdad, del antisemitismo y del culto al dios sol lo cual ha torcido y a distorsionado las Escrituras por siglos para convertirse en una religión de iniquidad que, en muchos sentidos, se encuentra diametralmente opuesta a la voluntad y a los mandamientos de Elohim. Por lo tanto, Shaul nunca se convirtió a nada. Él siguió siendo un Yisraelita que paró de perseguir a los seguidores de Yahushua porque se dio cuenta de que Yahushua era realmente el Mesías. Una vez que él logró enderezarse, viajó luego a enseñar esta verdad a otros.

[61] Eliyahu es la transliteración correcta del nombre hebreo para el profeta de Yisrael comúnmente llamado Elías. El nombre significa: "YHWH es Elohim."

[62] Pocas personas se dan cuenta de la importancia continua del Sinaí a través de las Escrituras. Este es el lugar donde la Torá fue dada por medio de Mosheh a la nación de Yisrael. Es también el lugar donde Eliyahu huyó, en un viaje de cuarenta días, en un día y se reunió con la palabra de YHWH. (1 Reyes 19: 8-9). Aunque la ubicación tradicional del Monte Sinaí ha estado en la península del Sinaí hay evidencia arqueológica abrumadora que apunta a Arabia Saudita. Más allá de la evidencia física, esto ciertamente concuerda con que Shaul fuera al Sinaí así como él comenta en Gálatas 1:17 de ir a Arabia después de su encuentro con Yahushua en el camino a Damasco. Mattityahu 4: 1-11 relata la experiencia del desierto de Yahushua y se refiere a un monte muy alto, lo que creo que

podría haber sido Horeb (Sinaí).

[63] La palabra Gentil se menciona mucho, como si una persona en ese grupo fuera miembro de otra especie - cuando de hecho un gentil era simplemente alguien que no formaba parte de la Comunidad de Yisrael. Algunas otras palabras usadas para describir esta categoría de personas fueron: Paganos, Goyim o las Naciones. Ellos eran los que no adoraban al Santo de Yisrael y en su lugar, adoraban a dioses falsos. Si usted seguía a YHWH se unía con Yisrael y era un Yisraelita - usted no se convertía al judaísmo. Si bien el judaísmo es una rama de Yisrael, es muy diferente del Yisrael que se describe en el Tanak. Por lo tanto, Shaul estaba ministrando a los gentiles, a fin de atraerlos al reino de Yisrael – no a una religión o a una denominación en particular.

[64] La canonización es un concepto hecho por el hombre que determina si ciertos escritos son aceptados como Escritura y, por tanto, incluidos en la Biblia. La canonización de la Biblia actual tuvo lugar en el concilio de Laodicea en Frigia Pacatiana en algún lugar entre 343 dC y 381 dC Una fecha comúnmente aceptada es 364 dC, aunque nadie puede decir con certeza cuando el Sínodo se llevó a cabo. Este tema se aborda en detalle en el libro de la Serie Caminando en la Luz titulado "Las Escrituras."

[65] La palabra griega que se traduce a menudo como "cruz" en traducciones al español de las Escrituras es stauron (σταυρόν) que significa "estaca" o "asta." La palabra cruz tradicionalmente se ha insertado para apoyar la adoración icónica del crucifijo que se deriva de la antigua Tao (X), que se utilizaba tradicionalmente en la adoración al dios sol mucho antes de que se estableciera el cristianismo. El tau representaba a Tamuz, el dios sol babilónico que fue asesinado por un jabalí resultando en un período de 40 días de llanto por Tamuz que los católicos llaman Cuaresma. El

consumo de jamón en el Domingo de pascua es también una tradición derivada de la adoración a la diosa del sol debido a que Istar, una diosa pagana también conocida como Astarté, Ishtar y Semiramis entre otras, era la Reina del Cielo, y la madre de Tamuz.

[66] Dawid (דוד) es una transliteración correcta para el nombre hebreo comúnmente llamado David.

[67] Yirmeyahu es la transliteración correcta para el profeta comúnmente llamado Jeremías. Su nombre significa: "Yah levantará o exaltará."

[68] Ibrim o Ivrim es una transcripción correcta de la palabra Hebreos.

[69] Es por esto que el contexto es tan importante - sobre todo al leer las epístolas en las Escrituras mesiánicas. Cuando usted está leyendo una carta de Shaul, a menudo está leyendo sólo una porción de una controversia y si usted no entiende el problema al que él se está dirigiendo, sería fácil malinterpretar o aplicar mal sus enseñanzas.

[70] Como se mencionó anteriormente, el judaísmo rabínico no es la misma religión que la del Yisrael que leemos en las Escrituras. El judaísmo rabínico es una religión que se desarrolló en gran parte debido a la Gran Revuelta. Después del asedio a Jerusalén y la destrucción del Segundo templo por Tito en el año 70 dC, los fariseos y posiblemente el único sobreviviente del Sanedrín, Yojanán ben Zakai, fundó una Academia de Yavneh que se convirtió en el centro de la autoridad rabínica. Su predecesor Gamaliel II continuó solidificando la base de poder de la Secta farisaica de los hebreos que, a través de su cooperación con el Imperio Romano, fue capaz de sobrevivir a la casi aniquilación que sufrieron las otras sectas Yisraelitas como los saduceos, los esenios, los zelotes, los sicarios y los nazarenos. Aún había otras sectas

de Yisraelitas que la historia ofrece escasos detalles, tales como los terapeutas y los que compusieron el "Odas de Salomón." De cualquier manera, los fariseos, a través de la mejora de la autoridad rabínica y el liderazgo de Rabí Akiba, se desarrollaron en la secta líder Yisraelita que ahora se conoce como el judaísmo rabínico. Mientras que el judaísmo rabínico afirma provenir directamente de Yisrael, no es muy diferente de la iglesia católica romana reclamando una línea directa de "Papas" de Shimon Kefa. Estas afirmaciones de autoridad son muy sin sentido ya que ninguno de los dos sistemas religiosos representa la fe pura que se encuentra en las Escrituras. El judaísmo rabínico, si bien puede consistir en su mayoría de descendientes genéticos de Abraham, Yitshaq y Yaakob, no es Yisrael. En otras palabras, usted no tiene que convertirse al judaísmo para convertirse en parte de la Comunidad de Yisrael (es decir, El reino de Elohim) ni tiene que aceptar la enseñanza talmúdica para seguir a Elohim. El judaísmo rabínico no tiene un templo ni sacerdocio y su estructura de poder rabínico no está respaldada o tolerada por las Escrituras. Es por esto que el Talmud, que no es la Escritura, es tan importante en el judaísmo rabínico, porque da crédito a su nuevo sistema ideado. Cuando el Mesías regrese Él pondrá las cosas en orden. Él encontrará y guiará a sus ovejas y no necesitará ningún sacerdote católico, pastor cristiano o rabino judío para ayudarlo.

[71] Egipto es la palabra moderna usada para describir la tierra habitada por los descendientes de Mitzrayim, que era el hijo de Cam (Beresheet 10: 6). De este modo, a lo largo de este texto la palabra Mitzrayim se utilizará en lugar de la palabra en español Egipto ya que esa es la forma en que se presenta en la Torá.

[72] Pesaj es la palabra hebrea correcta para el tiempo señalado comúnmente llamado pascua. Es una de las tres fiestas donde se requiere que se reúnan todos los varones

Yisraelitas y celebren. Los tiempos señalados se discuten en detalle en el libro de la Serie Caminando en la Luz titulado "Los Tiempos Señalados."

[73] Yeshayahu (ישעיהו) es la transcripción adecuada para el profeta comúnmente llamado Isaías. Su nombre en hebreo significa "YHWH salva."

[74] No se puede enfatizar lo suficiente de que no hay acto que el hombre pueda hacer para justificarse delante de YHWH. Es sólo por la fe que una persona es salva, pero no es ahí donde esto termina. Esa persona debe vivir luego una vida que sea aceptable para YHWH y esa vida se encuentra en Sus instrucciones - Su Torá.

[75] Contrario a la creencia popular, Norteamérica no es una democracia - es una república federal. En lugar de un sistema democrático donde la mayoría gobierna, en los Estados Unidos, la mayoría elige a representantes que gobiernan en nombre de todos sus constituyentes. El sistema de gobierno estadounidense es bastante notable, pero por desgracia, con el paso del tiempo, los derechos y libertades que tantos ciudadanos disfrutaban, y por las que lucharon y murieron, a través de los siglos han disminuido hasta el punto de que la libertad que hablamos, en gran medida, es una ilusión. Los derechos a la privacidad y las libertades que eran tan únicos y fundamentales de la sociedad estadounidense han sido despojados, sobre todo durante el siglo pasado, hasta el punto donde creo que los padres fundadores, probablemente estarían en estado de shock por la rapidez en que se ha deteriorado la nación. Un pueblo, una vez orgulloso y diligente ha sido inducido al sueño y se ha vuelto como el ganado que va a pastar y a rumiar hasta "el tiempo de ordeño." La gente ha llegado a estar tan concentrada en el "sueño americano" de una casa, dos autos, césped bien cortado, un viaje anual a Disney World y un plan de jubilación que no vieron los grilletes de

la esclavitud que se colocaron sobre ellos mientras estaban tan ocupados siguiendo su sueño. Obviamente, estoy siendo un poco gracioso, pero estoy hablando en serio. La Norteamérica que vemos hoy es fundamentalmente diferente de la Norteamérica de hace un siglo. Los norteamericanos modernos han negociado su libertad por la promesa de seguridad. Ellos valoran la comodidad de su existencia más que sus libertades al punto de que ni siquiera tienen el estómago para hacer la guerra, si esto significara que una pérdida de una vida significativa estuviera involucrada. Por lo tanto, mientras que el número de leyes en una nación en particular no necesariamente se correlaciona con el nivel de libertad, si los ciudadanos de una nación, reino o sistema religioso dejan de "defender" diligentemente (shamar) su constitución o Torá, los Nicolaítas inevitablemente intentarán tomar el control y dominio sobre las masas. Del mismo modo que los ciudadanos estadounidenses se encargan de defender la constitución contra la tiranía - incluso cuando el tirano es su propio gobierno – del mismo modo los seguidores de YHWH deben guardar la Torá de tiranos religiosos que tratan de quitarles las independencias y las libertades establecidas ahí.

[76] La palabra "iglesia" es una palabra hecha por el hombre generalmente asociada a la religión católica y cristiana. En ese contexto está destinada generalmente a describir a la persona jurídica de la fe. Se utiliza en las Biblias en español de hoy en día como una traducción de la palabra griega ekklesia (ἐκκλέσία) que por lo general se refiere a la "llamada asamblea de YHWH." La palabra "iglesia" se deriva de orígenes paganos y su mal uso es parte del problema asociado con la Teología del Reemplazo, que enseña que la "iglesia" ha reemplazado a Yisrael, que en hebreo se llama qahal (קהל): "la asamblea apartada de YHWH." La "qahal" hebrea y la "ekklesía" griega son la misma cosa: la comunidad de Yisrael. Por lo tanto, el uso

continuo de la palabra "iglesia" es divisivo y confuso. Da la impresión de que "la iglesia" es algo nuevo o diferente de Yisrael. Este tema se describe con mayor detalle en el libro de la Serie Caminando en la Luz titulado "Los Redimidos."

[77] La palabra "Biblia" se coloca entre comillas porque si bien se ha utilizado tradicionalmente para describir la colección o documentos considerados por el cristianismo que han sido inspirados por Elohim, prefiero el uso de la palabra Escrituras. La palabra Biblia se deriva de Byblos, la cual tiene más connotaciones paganas de las que yo prefiero, especialmente cuando se refiere a la palabra escrita de Elohim. Este tema se discute con mayor detalle en el libro de la Serie Caminando en la Luz titulado "Las Escrituras."

[78] "Los ortodoxos y los hasidim suelen utilizar la palabra "shul," que es en yiddish. La palabra se deriva de una palabra alemana que significa "escuela," y hace hincapié en el rol de la sinagoga como lugar de estudio. Los judíos conservadores por lo general usan la palabra "sinagoga," que en realidad es una traducción griega de Beit K'nesset y significa "lugar de reunión" (que está relacionado con la palabra "sínodo"). Los judíos reformados usan la palabra "templo," porque consideran que cada uno de sus lugares de reunión es equivalente a, o un sustituto del templo."

[79] Lamentablemente, no sólo el cristianismo alienta a los gentiles a evitar la Torá, sino que también lo hace el judaísmo. De hecho, muchos "judíos" le dirían que un gentil no puede y no debe obedecer la Torá, porque el judaísmo rabínico ha desarrollado una falsa enseñanza de que la Torá es sólo para "judíos" y ellos definen lo que significa ser un "judío." Ellos también enseñan que los gentiles sólo están sujetos a lo que se ha acuñado como las "Siete Leyes de Noé" las cuales ellos de alguna manera interpretan de Génesis 8. (Sanedrín 56a; Rambam, Hil

Melajim 9:1). Usted las puede buscar, pero no los encontrará. Esta es una creación rabínica que está destinada a mantener a los gentiles lejos de la Torá. Qué triste que Yisrael se supone que debe de brillar como una luz para las naciones y debe de atraer a la gente a YHWH mientras que el judaísmo, que afirma ser descendiente de Yisrael, muchas veces hace todo lo contrario.

[80] *La Didaché*, Capítulo 6: 6, JB Lightfoot Traducción en Inglés, www.earlychristianwritings.com.

[81] *Comentario de Matthew Henry en la Biblia Entera*: Nueva Edición Moderna, Base de Datos Electrónica. Derechos de autor (c) 1991 por Hendrickson Publishers, Inc. [nombres y títulos corregidos de conformidad].

[82] El cristianismo y el judaísmo están cargados de influencias paganas. El cristianismo ha rechazado los tiempos señalados Bíblicos y ha adoptado fiestas paganas como la navidad y la pascua. El cristianismo ha rechazado el séptimo día, el Shabat y lo reemplazó con el culto del domingo - el día tradicional para la adoración al sol. Estos temas y muchos otros se discuten a lo largo del libro de la Serie Caminando en la Luz incluyendo "Restauración," "El Shabat," "Los tiempos señalados" y "Las fiestas Paganas."

[83] El tema de las instrucciones de la dieta bíblica se discute en detalle en el libro de la Serie Caminando en la Luz titulado *Kosher*.

[84] Las Escrituras mesiánicas en realidad afirman que "Jesús declaró limpios todos los alimentos," pero este pasaje en particular no estipula la abolición de las instrucciones dietéticas como muchos creen. Echemos un vistazo más de cerca al pasaje del Evangelio de acuerdo a Marcos de la traducción LBLA. *"[14] Y llamando de nuevo a la multitud, les decía: Escuchadme todos y entended: [15] no hay nada fuera del hombre que al entrar en él pueda contaminarlo;*

sino que lo que sale de adentro del hombre es lo que contamina al hombre. ^{16} Si alguno tiene oídos para oír, que oiga. ^{17} Y cuando dejó a la multitud y entró en la casa, sus discípulos le preguntaron acerca de la parábola. ^{18} Y El les dijo: ¿También vosotros sois tan faltos de entendimiento? ¿No comprendéis que todo lo que de afuera entra al hombre no le puede contaminar, ^{19} porque no entra en su corazón, sino en el estómago, y se elimina? (Declarando así limpios todos los alimentos.)" Marcos 7:14-19 LBLA. Note la información entre paréntesis al final de este pasaje de la Escritura. El paréntesis significa que esta declaración no se encuentra en el manuscrito original, sino que era la notación de un traductor, ¡una muy ignorante en eso! Yahushua no estaba declarando limpios todos los alimentos en esta Escritura y Él nunca hizo esa declaración. Es simplemente asombroso que un traductor pusiera una notación tan errónea al final de un pasaje en el que el Mesías pregunta específicamente "¿sois tan faltos de entendimiento?" Es como si el Mesías le estuviera haciendo esa pregunta al traductor. El punto de Su enseñanza era que el corazón es el que llega a contaminarse, no el cuerpo. Comer algo impuro no convierte a alguien en un ser impuro. Comer cerdo no convierte a una persona en cerdo, sigue siendo un hombre o una mujer. No se convierte en un animal impuro – más bien su cuerpo finalmente elimina la cosa inmunda. Independientemente, comer cerdo aun se considera un acto abominable porque el puerco no se define como "comida" en la Torá.

[85] Los problemas que se encuentran en muchas traducciones al español es un tema del libro de la Serie Caminando en la Luz titulado "Las Escrituras." Es importante hacer la distinción entre la infalibilidad de la palabra y la infalibilidad de una traducción en particular. En el contexto actual sólo me estoy refiriendo a los errores cometidos por los traductores humanos.

[86] De una manera muy extraña, la lógica detrás del Dispensacionalismo es similar a la que los evolucionistas utilizan. Los que creen en la evolución comienzan con la premisa de que no hay Dios y que no pueden basarse en la explicación bíblica para la existencia. En consecuencia, ellos desarrollan teorías para mostrar cómo la humanidad evolucionó a partir de un organismo unicelular en seres humanos. Del mismo modo, el Dispensacionalismo promueve una forma de evolución espiritual en el que la humanidad trasciende del hombre caído a través de una serie de especies menores al máximo ser - la iglesia. Este tipo de pensamiento está ceñido por el antisemitismo, que considera a los "judíos" como un tipo inferior de "subespecie espiritual." Los escritos de Martín Lutero, Calvino y muchos otros padres de la iglesia cristiana están repletos de esta noción. El hecho del asunto es que no hay tal cosa como la "iglesia" como una nueva entidad espiritual, y es absolutamente contrario a las Escrituras tratar de eliminar a los "judíos" y a Yisrael a través de este tipo de pensamiento sin fundamento. Así como los niños de la escuela son adoctrinados e inundados por conceptos evolutivos desde temprana edad hasta el punto donde se convierte en su paradigma aceptado, y por lo tanto una verdad aceptada a través de la cual ellos ven la vida - lo mismo se puede decir de los cristianos que fueron criados en la enseñanza dispensacional. Ellos leen las Escrituras y ven su existencia y la existencia de la "iglesia" a través de su paradigma heredado.

[87] La investigación genética ha hecho posible discernir el Cromosoma-Y atribuible a los Cohanim y junto con las preparaciones para reconstruir el templo, se ha producido de forma natural un movimiento para identificar y entrenar al Sacerdocio. Mientras escribía este libro, yo estaba en Jerusalén celebrando Sucot y noté un cartel para una conferencia de cohens y levitas. Para más información

sobre este tema véase *ADN y Tradición* por el rabino Yaakov Kleiman, Devora Publishing 2004.

[88] Hay tanto que podemos extraer de este pasaje. El hecho de que YHWH puso a Abraham a dormir inmediatamente nos hace pensar en Adán. Si YHWH no quería que Abraham lo viera, Él pudo haberle dicho con facilidad que no lo mirara o incluso pudo haberlo cubierto como lo hizo con Mosheh en el Sinaí. El hecho de que YHWH lo puso a dormir parece una señal de alerta y llama la atención de manera especial a este incidente. Creo que refleja el hecho de que YHWH estaba en el proceso de preparar a una novia a través de la simiente de Abraham, y así como Él puso a Adán a dormir para sacar algo de él para crear a su novia – así Él hizo lo mismo con Abram, pero en vez de sacar algo - YHWH añadió algo a Abram que se simboliza en la letra hey (ה), que más tarde se añadió a su nombre. El rabino Yosef Kalatsky en un artículo de Más allá de Pshat ofrece el siguiente comentario: "Basados en un versículo de Tehilim que alude al hecho de que Hashem [YHWH] formó los mundos con las letras "yud" y "hey," la Guemará declara en el Tractatus Menajot, 'El mundo físico fue creado con la espiritualidad de la letra "hey," y el mundo por venir fue creado con la espiritualidad de la letra "yud." Esto significa, que la energía espiritual contenida en la letra "hey" provocó toda la existencia física. Di-s dijo a Abraham: Así como se necesitaba la energía espiritual en la letra "hey" para llevar a cabo toda la existencia física, esa misma energía se necesitaba para traer un cambio dentro de usted para que fuera capaz de ser el padre, el patriarca, del pueblo judío." El "hey" adicional no es meramente otra letra añadida al nombre de Abraham; sino más bien, se produjo un cambio profundo en su interior; la dimensión de su persona se convirtió en el equivalente de toda la existencia. Hasta la inserción de la letra "hey," Abraham no tenía relevancia (como él) de ser el patriarca del pueblo judío." Www.torah.org/learning/beyond-

pshat/5764/vayera.html. Si YHWH (יהוה) formó el mundo físico con la (ה), que son los dos primeros caracteres de Su nombre, entonces alguien razonablemente se puede preguntar - ¿qué hay de las dos últimas letras de su nombre? Podemos ver la respuesta en el nombre de la primera mujer que comúnmente se llama Eva, pero su nombre hebreo es Hawah (חַוָּה). Su nombre significa "dadora de vida" y note que incluye las dos últimas letras del nombre de YHWH (וה). Esta vida no es la misma que el resto de la creación que ya estaba formada - esta Vida era la Vida de YHWH que se sopló en Adán - fue lo que "lo hizo a imagen de YHWH." Ahora, de vuelta a Abraham y Sarah - es importante hacer hincapié en que no solo había una sola hey (ה) añadida - había dos. YHWH le añadió una al varón Abraham y otra a la mujer Sarah y cuando los dos se unieron, fue esa Semilla y ese Vientre que proporcionarían la línea prometida de la cual vendría el Mesías. Esas dos heys son las dos heys encontradas en el nombre de YHWH (יהוה).

[89] El Akida es el nombre tradicional para la porción de la Torá que involucra el proceso de Abraham presentando a su hijo prometido como un sacrificio a YHWH. Esta porción establece el patrón en el que YHWH presentaría a Su Hijo como un sacrificio.

[90] Yitshaq (יצחק) es la transliteración correcta para el nombre hebreo comúnmente llamado Isaac.

[91] Nos mostraron previamente el concepto de la cobertura después del Edén, cuando Adán y Hawah se cubrieron con las pieles de animales muertos, pero eso fue sólo una cobertura temporal - los animales no eran suficientes para restaurar la Creación a su estado original. Lo que se necesitaba era un cambio perfecto para expiar sus pecados. Esa fue la obra del Mesías como el "Hijo de Adán," obedecer debido a que Adán falló y tomar el castigo por la transgresión de Adán y su descendencia. Un comentario

común del judaísmo es que Dios no aprueba los sacrificios humanos y por lo tanto la muerte de Yahushua no es santificada en las Escrituras. Lo que debe quedar claro es que la muerte de Yahushua no fue un sacrificio humano en el templo. En todo caso, fue un sacrificio romano a su dios sol ya que ellos sacrificaban a la gente en la cruz de Tamuz.

[92] Este es un hecho muy importante del que tenemos que aprender. El becerro de oro representaba la adoración de Hathor. Hathor era una diosa egipcia popular asociada con el amor, la fertilidad, la sexualidad, la música, la danza y el alcohol. ¿Quién mejor para invitar a una fiesta? Al menos, eso es lo que los Yisraelitas pensaban. Tomaron algo de lo que sabían y decían que era para YHWH. Esto es lo que el cristianismo hace habitualmente con sus días festivos. La navidad y la pascua son días de fiesta con raíces paganas pero han sido "transformados" y los han hecho festivales a YHWH. Esta no es la adoración aceptable del Todopoderoso.

[93] Es bien aceptado que el sucesor de Mosheh, comúnmente llamado Josué, fuera llamado Yahushua - el mismo nombre que el Mesías. Esto no fue de ninguna manera una coincidencia, sino que fue un patrón establecido por el Todopoderoso. Si nos fijamos en la vida de Josué (Yahushua) vemos un modelo de algunas de las cosas que el Mesías alcanzaría. Más allá de su asistencia a Mosheh y de su participación en recibir la Torá, Él circuncidó a los Yisraelitas antes de entrar a la Tierra Prometida. Él sacó a Yisrael del desierto milagrosamente cruzando al otro lado del Jordán, que era un bautismo simbólico o más bien Tevila. Él dirigió la primera pascua en la Tierra y Él luchó con gigantes en la tierra, para que Yisrael pudiera asentarse en la Tierra.

[94] Contrario a la doctrina cristiana popular, el divorcio es permitido a los ojos de YHWH, en particular cuando se ha producido una mala conducta sexual y las partes son

incapaces de conciliar. (Debarim 24: 1). Muchos aplican mal la enseñanza de Yahushua en Mattityahu 19:3-9 como si Él hubiera abolido el divorcio por completo. Dijo específicamente que Él no vino a destruir la Torá así que sabemos que sus enseñanzas no cambiaron la Torá. Lo que Él realmente estaba haciendo era atacar las reglas que los hombres habían desarrollado que les permitía divorciarse de sus esposas por casi cualquier motivo o despedirlas sin divorciarse de ellas lo cual creaba grandes dificultades para la mujer que permanecía casada y no podía volver a casarse sin el divorcio. (ver Mattityahu 5:31).

[95] El Sefer de Oseas da un excelente ejemplo de cómo los nombres son usados por Elohim para demostrar Su propósito y plan. Oseas fue mandado a casarse con Gomer, una ramera. Tuvieron tres hijos juntos llamados Jezreel, Lo-Ruhama y Lo-Ammi. Jezreel es Yisre'el (יזרעאל) en hebreo y significa "Él Dispersa" o "Él esparce." Lo-Ruhama (רְחָמָהלֹא) significa "sin piedad" y Lo-Ammi (לֹעַאִמִּ) significa "no mi pueblo." Por lo tanto, YHWH estaba enseñando que Él dispersaría la casa de Yisrael, que Él no tendría misericordia de ellos, que ellos entonces no serían considerados su pueblo por más tiempo y Él no sería considerado su Dios. La profecía no se detiene allí, porque Él afirma que los números de ellos serían como la arena del mar, una promesa dada a Abraham y Yaakob. Luego, Él afirma que ellos serían reunidos con la casa de Yahudah (Oseas 1:11). Esta reunificación es un acontecimiento profetizado que aún tiene que ocurrir. El matrimonio y la posterior redención de Gomer es fundamental para la comprensión de esta profecía. Oseas, que significa "salvación," es una clara referencia del Mesías y fue el nombre original de Yahushua (Josué). Él se casó con una prostituta, que representa a la casa de Yisrael. En lugar de permanecer fiel a su marido, ella continúa prostituyéndose. Oseas luego la redime (compra) a ella por un precio (15 siclos de plata, y un omer y medio de cebada). Esto es un

símbolo de la redención que el Mesías ha pagado por su Esposa.

[96] Yehezeqel (יחזקאל) es la transliteración hebrea adecuada para el profeta comúnmente llamado Ezequiel.

[97] Este es probablemente un buen punto para aclarar que no estoy sugiriendo que usted tiene que unirse a la religión del judaísmo o convertirse en un ciudadano del Estado moderno de Israel para unirse a Yisrael. Yisrael no es una religión, denominación, institución, organización o club - es el reino de YHWH.

[98] El cálculo de tiempo del Creador se discute ampliamente en el libro de la Serie Caminando en la Luz titulado "Los tiempos señalados." Es muy importante que cualquier persona que dice seguir al Todopoderoso entienda Sus tiempos y estaciones con el fin de sincronizar su vida con Su plan.

[99] En mi opinión, esta hey añadida (ה) es la misma hey añadida a Abram y Sarai. Ver Nota 88.

[100] Una enseñanza común en el judaísmo es que los gentiles no están obligados a obedecer la Torá - sólo las Siete Leyes de Noé. Esta es una invención de los rabinos. (Sanedrín 56a; Rambam, Hil Melajim 9: 1). Esto es una tragedia. A los gentiles se les dice que no tienen que obedecer la Torá y en muchos casos se les dice que no pueden obedecer la Torá, a menos que se conviertan al judaísmo. Esto, por supuesto, es una tontería. Usted no tiene que convertirse a ninguna religión para obedecer la Torá - sólo tiene que unirse a Yisrael y "aferrarse" al pacto, no importa lo que digan.

[101] Diccionario Bíblico Ilustrado de Nelson, Copyright (c) 1986, Thomas Nelson Publishers - NOTA: los nombres corregidos y la ortografía fueron añadidos para la coherencia y la precisión.

[102] Enciclopedia Bíblica Estándar Internacional, Derechos de autor (c) de Base de Datos Electrónicos 1996 de Biblesoft.

[103] Yo uso la palabra altar vagamente en este contexto, ya que es muy inapropiado llamar a la parte delantera del edificio de una iglesia altar, si usted se está refiriendo al Altar de YHWH. Sólo hay un altar en el Cielo y la Torá provee específicamente un altar en el Tabernáculo. La práctica de llamar a la parte delantera de una iglesia altar se deriva de los templos paganos que, en gran parte, la mayoría de los edificios de las iglesias cristianas imitan arquitectónicamente.

[104] La religión cristiana se ha convertido en un sistema que no está tan preocupado por el crecimiento y desarrollo de sus adherentes, como lo está en sus números. Me recuerda a una granja de vacuno industrial que se centra en la ganancia por encima del tratamiento de sus miembros. Y al igual que una granja de vacuno, es un sistema que inhibe el crecimiento, ya que rara vez se permite que los creyentes puedan ejercer sus músculos espirituales a menos que estén en una posición de "liderazgo." Así que lo que tenemos es un montón de terneros débiles, tiernos, alimentados con leche, que se alimentan de lo que se les da todos los domingos mientras ellos sufren de atrofia espiritual y esperan para ser sacrificados. Al igual que la ternera, viven en una caja que permite poco o ningún movimiento o la interacción con el exterior - por lo que no hay crecimiento muscular. Estoy muy preocupado por esto, porque me temo que, a partir de mi propia experiencia de vida personal, muchos están mal preparados para enfrentar los tiempos difíciles y desafiantes que se avecinan para los creyentes. Mientras que usted pueda mantener una vida estructurada en la que va a la iglesia y limita su interacción con las creencias antagónicas - la vida puede parecer grandiosa. Pero cuando "todo el infierno se desata" y su fe es sacudida porque alguien que conoce las Escrituras 100 veces mejor

que usted le tritura la mayoría de sus creencias fundamentales frente a sus ojos - ese puede ser un lugar bastante solitario. Por eso se nos dice que construyamos sobre la Roca y es por eso que tenemos que romper con cualquier sistema que impida nuestro crecimiento y la relación con el Todopoderoso, ya sea ocultando la verdad o la enseñanza y propagando mentiras.

[105] Si usted examina la fabricación del Tabernáculo en el desierto, encontrará que se encuentran muchas similitudes con nuestros cuerpos. Era un patrón y una demostración de cómo íbamos a ser tabernáculos vivientes (Shemot 36 a 38).

[106] En este punto me gustaría animar al lector a examinar el libro de la Serie Caminando en la Luz titulado "Kosher." Proporciona una defensa concisa y completa de por qué cada creyente debe observar las instrucciones de la dieta que se encuentran dentro de la Torá.

[107] En lugar de prepararse para "perseverar hasta el fin," muchos cristianos han creído la mentalidad "escapista" perpetrada por la doctrina del rapto. En lugar de aprender a cómo vivir para la eternidad, están esperando el momento oportuno hasta que sean "raptados," lo cual puede suceder al puro final, pero no va a suceder antes de la tribulación. La palabra "rapto" no se encuentra dentro de las Escrituras y el rapto pre-tribulación es una doctrina inventada como el dispensacionalismo. Sólo puede ser respaldada al torcer el texto, y sacando versos fuera de contexto. En mi opinión, es muy popular porque mucha gente le tiene miedo al futuro o porque ellos no tienen suficiente fe para creer que YHWH puede tener cuidado de nosotros hasta el final. Estamos aquí en la tierra ahora - por una razón. Si nos engañamos pensando que sólo nos queda esperar hasta que nos lleven a la gloria, entonces habrá muchos que no estarán preparados para afrontar el futuro.

[108] Para un análisis más detallado acerca del Shabat, recomendaría el libro de la Serie Caminando en la Luz titulado *El Shabat*.

[109] Para comprender plenamente el plan del Creador, debemos conocer Sus tiempos señalados, que están claramente descritos en la Torá. Cuando guardamos estas citas, Él se reúne con nosotros y somos bendecidos. Así como Yahushua cumplió la Torá al traer plenitud y significado a la fiesta de pesaj (pascua) y a la fiesta de Shavuot (Pentecostés) - nosotros esperamos su cumplimiento de las fiestas restantes. Un análisis más detallado de las fiestas se puede encontrar en la Serie Caminando en la Luz titulado *Los Tiempos Señalados*.

Apéndice A

Cuadro de Estudio del Lenguaje Hebreo

Gematría	Letra	Paleo	Moderno	Español	Figura/Significado
1	Alef		א	A	cabeza de buey
2	Bet		ב	B, Bh	tienda, piso
3	Guímel		ג	G	pie, camello
4	Dálet		ד	D	puerta
5	Hei		ה	H	hombre alzando brazos
6	Vav		ו	W, O, U	estaca, gancho
7	Zayn		ז	Z	arma
8	Jet		ח	Hh	cerca, pared
9	Tet		ט	T, Th	cesta, contenedor
10	Yod		י	Y	mano cerrada
20	Kaf		כ	K, Kh	palma, mano abierta
30	Lámed		ל	L	bastón del pasto
40	Mem		מ	M	agua

50	Nun	ᴎ	נ	N	brote, semilla
60	Sámaj	≢	ס	S	apoyo, ayuda
70	Ayin	O	ע	A	ojo
80	Pei	⊃	פ	P, Ph	boca abierta
90	Tzadi	ᛗ	צ	Ts	gancho
100	Qof	ϕ	ק	Q	nuca
200	Resh	◁	ר	R	cabeza de un hombre
300	Shin	W	ש	Sh, S	dientes
400	Taf	X	ת	T	marca, pacto

Nota: La Gematría en un sentido muy simple es el estudio de los diferentes valores numéricos de las letras hebreas y las palabras. Dado que no hay un sistema numérico separado en el idioma hebreo, todas las letras hebreas tienen un valor numérico por lo que es una forma de estudio muy legítima y valiosa. Hay muchas formas diferentes de Gematría. El sistema de Gematría utilizado en este cuadro es mispar hechrachi, también conocido como valor normativo. El tipo de letra Paleo utilizado es un intento de combinar las antiguas variantes en un conjunto de letras uniforme y reconocible que representa con precisión el significado original de cada tipo de letra.

Apéndice B

NOMBRES HEBREOS DEL TANAK

Enseñanza - Torá

Nombre en Español	Hebreo Moderno	Transliteración
Génesis	בראשית	Bereshit
Éxodo	שמות	Shemot
Levítico	ויקרא	Vayiqra
Números	במדבר	Bemidbar
Deuteronomio	דברים	Debarim

Nebi'im - Profetas

Josué	יהושע	Yahushua
Jueces	שופטים	Shoftim
Samuel	שמואל	Shemu'el
Reyes	מלכים	Melakhim
Isaías	ישעיהו	Yeshayahu
Jeremías	ירמיהו	Yirmehayu
Ezequiel	יחזקאל	Yehezqel
Daniel	דניאל	Daniel
Oseas	הושע	Oseas
Joel	יואל	Yoel
Amos	עמוס	Amos

Abdías	עבדיה	Obadyah
Jonás	יונה	Yonah
Miqueas	מיכה	Mikhah
Nahúm	נחום	Nachum
Habacuc	חבקוק	Habaquq
Sofonías	צפניה	Zephaniyah
Hageo	חגי	Chaggai
Zacarías	זכריה	Zekaryah
Malaquías	מלאכי	Malachi

Ketuvim - Escritos

Salmos	תהלים	Tehillim
Proverbios	משלי	Mishle
Job	איוב	Yyov
Cantares	שִׁיר הַשִּׁירִים	Shir ha-Shirim
Rut	רות	Rut
Lamentaciones	איכה	Eikhah
Eclesiastés	קהלת	Qohelet
Ester	אסתר	Ester
Esdras	עזרא	Ezra
Nehemías	נחמיה	Nehemyah
Crónicas	דברי הימים	Dibri ha-Yamim

Apéndice C

Serie Caminando en la Luz

Libro 1   Restauración - Una discusión de las influencias paganas que se han mezclado con la verdadera fe a través de los siglos, que ha dado lugar a la necesidad de la restauración. Este libro también examina la verdadera restauración de las Escrituras.

Libro 2   Nombres - Habla acerca del verdadero Nombre del Creador y del Mesías, así como el significado de los nombres en las Escrituras.

Libro 3   Las Escrituras - Habla acerca del origen de las Escrituras escritas, así como de muchos errores de traducción, que han dado lugar a falsas doctrinas en algunas de las principales religiones.

Libro 4   Pactos - Habla acerca de los pactos progresivos entre el Creador y Su Creación como se describe en las Escrituras que nos revelan su plan para la humanidad.

Libro 5   El Mesías - Habla acerca de las promesas y los cumplimientos proféticos del Mesías y la verdadera identidad del Redentor de Yisrael.

Libro 6   Los Redimidos - Habla acerca de la relación entre el cristianismo y el judaísmo y revela cómo las Escrituras identifican a los Verdaderos Creyentes. Revela cómo la doctrina cristiana de la Teología del Reemplazo ha causado confusión en cuanto a cómo el Creador ve a los Hijos de Yisrael.

Libro 7	La Ley y la Gracia - Discute en profundidad la doctrina falsa de que la Gracia ha acabado con la Ley y demuestra la importancia vital de obedecer los mandamientos.

Libro 8	El Shabat – Habla acerca de la importancia del séptimo día de Shabat, así como de los orígenes de la tradición concerniente al culto dominical.

Libro 9	Kosher – Habla acerca de la importancia de comer alimentos prescritos por las Escrituras como un aspecto de una vida recta.

Libro 10	Los Tiempos Señalados – Habla acerca de los tiempos señalados establecidos por el Creador, a menudo considerados erróneamente las fiestas "judías," y fundamentales para la comprensión del cumplimiento profético de las promesas bíblicas.

Libro 11	Las Fiestas Paganas – Habla acerca de los orígenes paganos de algunas fiestas cristianas populares que han sustituido los Tiempos Señalados.

Libro 12	El Shofar Final – Habla acerca del caminar requerido por las Escrituras y prepara al creyente para los engaños que vienen en el fin de los días.

La serie comenzó como una simple presentación de Power Point que estaba destinada a convertirse en un libro con doce capítulos diferentes, pero terminó siendo doce libros diferentes. Cada libro está destinado a ser independiente aunque la serie fue pensada originalmente para que construyera a partir de una sección a otra. Debido a la urgencia de ciertos temas, los libros no han sido publicados en orden secuencial.

Para las fechas de lanzamiento previstas, anuncios y enseñanzas adicionales visite:

www.shemayisrael.net

Apéndice D

El Shema
Deuteronomio (Debarim) 6:4-5

Traducción Tradicional en Español

Oye, Israel: El SEÑOR nuestro Dios, el SEÑOR uno es

Y amarás al SEÑOR tu Dios de todo tu corazón, y de toda tu alma, y con todas tus fuerzas

Traducción Correcta en Español

Oye, Yisrael: YHWH nuestro Elohim, YHWH uno es

Y amarás a YHWH tu Elohim de todo tu corazón, y de toda tu alma, y con todas tus fuerzas

Texto Hebreo Moderno

שמע ישראל יהוה אלהינו יהוה אחד

ואהבת את יהוה אלהיך בכל־ לבבך ובכל־ נפשך ובכל־ מאדך

Texto Hebreo Antiguo

◁ℍ⚹ ⋺Y⋺Z Y⋾Z⋺ℓ⚹ ⋺Y⋺Z ℓ⚹⋴W⋾ ⊙⋾W
ℓY⋾Y ℍ⋾⋾ℓ ℓY⋾ ℍ⋾⋺ℓ⚹ ⋺Y⋺Z X⚹ X⋾⋺⚹Y
ℍ◁⚹⋾ ℍℓY⋾Y ℍWナ⋾

Texto Hebreo Transliterado

Shema, Yisra'el: YHWH Elohenu, YHWH echad!

V-ahavta et YHWH Elohecha b-chol l'vavcha u-b-chol naf'sh'cha u-b-chol m'odecha.

El Shema ha sido tradicionalmente una de las oraciones más importantes en el Judaísmo y ha sido declarado el primero (Reshit) de todos los mandamientos. (Marcos 12: 29-30).

Apéndice E

Shema Yisrael

Shema Yisrael fue establecido originalmente con dos objetivos principales: 1) La producción y distribución de materiales sanos educativos basados en las Escrituras, los cuales ayudarían a las personas a ver la luz de la Verdad y a "Caminar en la luz" de esa Verdad. Este primer objetivo se logra a través de Shema Yisrael Publications; y 2) La distribución gratuita de esos materiales a los espiritualmente hambrientos en todo el mundo, junto con las Escrituras, comida, ropa y dinero a los pobres, a los necesitados, a los enfermos, a los moribundos y a los que están en prisión. Este segundo objetivo se lograba a través de la Fundación Shema Yisrael, y a través de la Fundación, las personas podían recibir una deducción de impuestos por sus contribuciones.

Lamentablemente, debido a la aprobación de la Ley de Reforma de Pensiones de 2006, el Congreso de Estados Unidos restringió severamente el funcionamiento de los fondos asesorados de los donantes que, en esencia, paralizó la Fundación Shema Yisrael, al exigir que los fondos se canalizarán ya sea a través de otra Fundación o a través de una organización (501) (c) (3) aprobada por el Servicio de Impuestos Internos. Debido a que la Fundación Shema Ysrael era relativamente pequeña y operaba ofreciendo participación activa mediante la colocación de los fondos y de los materiales directamente en las manos de los necesitados en países del Tercer Mundo, no pudo continuar operando con eficacia como una Fundación con las ventajas fiscales asociadas con la misma.

  Como resultado, Shema Yisrael Publications ha funcionado esencialmente en una doble capacidad para asegurar que ambos objetivos sigan siendo promovidos, a pesar de que las contribuciones no son ya deducibles de impuestos. Para revisar algunos de los trabajos que se han logrado, usted puede visitar www.shemayisrael.net e ir a la sección de "Misiones."

  Con mucho gusto aceptamos donaciones, a pesar de que no serán deducibles de impuestos. Para hacer una donación, por favor haga los cheques a nombre de "Shema Yisrael Publications" y envíelos por correo a:

Shema Yisrael
123 Court Street
Herkimer, New York 13350

También puede visitar nuestro sitio web

www.shemayisrael.net

o puede llamar al (315) 939-7940 para hacer una donación o recibir más información.

www.ingramcontent.com/pod-product-compliance
Lightning Source LLC
Chambersburg PA
CBHW070734160426
43192CB00009B/1431